Bernd Wittek

Ich-Berichte

Protokolle aus der deutsch-deutschen Zwischenzeit

Bibliografische Information der Deutschen Nationalbibliothek: Die Deutsche Nationalbibliothek verzeichnet diese Publikation in der Deutschen Nationalbibliografie; detaillierte bibliografische Daten sind im Internet über www.dnb.de abrufbar.

© 2015 Bernd Wittek

Umschlaggestaltung Michael Zapfe, Weimar

Herstellung und Verlag: BoD – Books on Demand, Norderstedt

ISBN: 9783738631111

Ich danke Herrn Heiko Schmidt, Oberkrämer, für die Gespräche und Anregungen zum Manuskript.

Inhaltsverzeichnis

Einleitung 9

Vorwort 1990 29

Vorwort 2002 31

Die Fragen 37

Die Dolmetscherin 39

Der Lehrmeister 49

Der Arzt 59

Die Journalistin 69

Der Lehrer 79

Der Außenhändler 87

Der hauptberufliche Informant 99

Die Büroangestellte 109

Die Rentnerin 117

Der Wachmann 129

Kandidatenantrag für die SED 137

Parteiauftrag 138

Erklärungen 139

Leseliste 155

Einleitung

Der Vorhang war offen, die Maske gefallen. Die Bretter, auf denen sich die Menschen aufhielten, die in jenem Land sich ein Leben eingerichtet hatten, schwankten und brachen. Spätestens mit der nicht mehr von der DDR-Regierung gesteuerten Öffnung der befestigten Grenzanlagen nach Westberlin und der Bundesrepublik war klar, dass kaum etwas im Osten Deutschlands weiterhin so Bestand haben würde, wie es bis dahin existiert hatte. Eine Vereinigung der beiden deutschen Staaten zeichnete sich Anfang des Jahres 1990 zunehmend deutlich ab.

Ich glaube, dass ein jeder sich im Laufe des Lebens ganz private Erklärungen für die eigene Vita zurechtlegt, wie alles so gekommen ist. Die eigene Wegstrecke möchte gerne ohne große Umwege erklärt werden. Es ist das Bestreben, sich selbst logisch in Zusammenhängen zu sehen, auch zu rechtfertigen. So etwas findet permanent statt: In der Selbstreflektion, in Partnerschaften, Familien, Vereinen, eben in allen Gemeinschaften. Wir Menschen sind ein soziales Wesen, emotional gesteuert in unserem Verhalten. Es ist gesund, ein positives Verhältnis zu uns selbst zu entwickeln.

Dass sich Menschen plötzlich kollektiv drastisch rechtfertigen müssen, ist ein selteneres Phänomen und findet nur statt, wenn Systeme kollabieren, Ordnungen umgestülpt werden.[1] Kollektive Selbstlegitimationen gab es schon immer, stets dann, wenn neue abgrenzende Gemeinschaften zu bilden waren. In der DDR geschah dies sicherlich durch die verbreitete Annahme, dass durch die Beseitigung der Ausbeutung des Menschen durch den Menschen[2] eine „menschlichere" Zivilisationsstufe erreicht worden sei, wie sich dies auch in den hier vorliegenden Texten lesen lässt, während der Konsumentenalltag im Westen, in der Bundesrepublik, die irre Annahme verfestigte, dass die Geschichte der Menschheit ein geradliniger Weg zur individuellen juristischen und persönlichen Entscheidungsfreiheit sei. Der

---

[1] Eine Notwendigkeit zur partiellen Rechtfertigung traf auch auf Menschen in der DDR zu, die sich oppositionell verhalten haben, da man nicht vollständig ein anderes Leben innerhalb der Rahmenbedingungen der DDR führen konnte und man sich daher zum Beispiel im Arbeitsleben oder in der Begleitung der Kinder auf ihrem Bildungsweg dann doch wieder teilkonform verhielt.

[2] Marxistische Beschreibung der Verhältnisse, die besonders im Kommunistischen Manifest verankert war.

deutsch-deutsche Alltag trennte die Menschen in ihren Köpfen scharf und doch gab es Gemeinsamkeiten. Die Achtundsechziger Generationen und deren Nachfolger im Westen glaubten, die Welt grundlegend verändern zu können. Eine solche Vorstellung der Möglichkeit des Eingreifens des Einzelnen in die sozialen Verhältnisse wurde auch im Osten praktiziert, wie sich an den Texten hier erkennen lässt. Die marxistische Vorstellung der Gestaltbarkeit gesellschaftlicher Verhältnisse traf zusätzlich ab den siebziger Jahren auf die Übernahme eines „westlichen" Lebensgefühls der Individualität, das sich dort in einzelnen sozialen Experimenten geäußert hatte (beispielsweise in der Lebensform „Kommune"). Im Osten begann man allmählich auch „cool" zu sein, das eigene Ich immer höher einzuschätzen. Durch Rundfunk- und Fernsehempfang war der Osten stets an den Westen gekoppelt.

Angedeutet werden soll damit, dass die Geschichte Ost die Rezeption der Situation West mit einschloss. Und doch ist die Situation im Osten und die Vorgeschichte des Landes DDR zu betrachten, um Antworten auf das Verhalten der Menschen in jenem Land zu finden, das seinen Bürgern schnell die Grenzen aufzeigte. Dennoch, behaupte ich, war die DDR als gemeinschaftliches Projekt (zunächst) mehrheitlich angenommen worden. Man engagierte sich für das Land, rannte ins Leere, wurde dann womöglich oppositionell oder angepasst (als Besitzer einer „Datsche" genannten Gartenlaube). Wie auch immer das einzelne Verhalten gewesen sein mag. In jedem Fall hat der Einzelne sich seine Vorstellung von der Welt, vom DDR-Kosmos, zurechtgelegt. Erst die drastischen und vor allen Dingen so unglaublich schnell ablaufenden Veränderungen 1989, die daher durchaus Revolution genannt werden können, führten dazu, die Dinge im Kopf „auf den Kopf" zu stellen. Wenn solche drastischen Zusammenbrüche erfolgen, betrifft das jeden Einzelnen in der Gesellschaft, der auf einmal das Ende seiner vorgeprägten, man könnte auch sagen, seiner klischeehaften Weltsicht erlebt. Die Menschen in der DDR schufen sich selbst keine neue Gesellschaft als Staatsstruktur. Sie kam „unerwartet" aus dem Westen mit dessen juristischen und moralischen Maßstäben über sie.[3] Das Abtreten der alten Garde des Politbüros war ersehnt und für möglich sowie für wünschenswert gehalten

---

[3] Gegen diese Formulierung kann auch nicht mit dem Verweis auf die Wahlen in der DDR vom 18. März 1990 argumentiert werden, die überraschend von den konservativen Parteien gewonnen worden waren. Noch kurz vor den Wahlen besagten Umfragen, dass Parteien gewinnen würden, die einen weniger schnellen Weg in die bundesdeutsche Realität beschreiten wollten.

worden. Dass die sowjetische Besatzungsmacht ihre westlichste Kolonie innerhalb des militärischen Ostblocks so plötzlich aufgeben würde, war jedoch außerhalb des Vorstellungshorizonts gewesen und erst eine Folge der Kettenreaktionen von schnellen Zusammenbrüchen weiterer sozialistischer Staaten nach den Ereignissen in der DDR.

Wir alle werden in konkrete Zeiten und Zusammenhänge hineingeboren, in die Wertvorstellungen der anderen, der Erwachsenen: Unserer Eltern und dann die der Lehrer, in die Mentalität der jeweiligen Region, wachsen dort auf und übernehmen die Beurteilungskriterien mehr oder weniger kritisch prüfend. Die Annahme, davon autonome und erfolgreiche Selbstfindungsprozesse durchführen zu können, ist eine (spätere, westdeutsche) Illusion, die bezogen auf diejenigen, die das verfechten, lediglich zeigt, dass sie etwas Grundlegendes nicht verstanden haben: Der Mensch ist nur als soziales Produkt vorstellbar.[4]

Jede private oder gemeinschaftliche Vorstellung von der Welt hat eine Vorgeschichte, die besonders einprägsam ist, solange persönlich noch die vorhergehenden Generationen gekannt werden, neben den Eltern die der Großeltern. Damit ist es notwendig, an die Geschichte des zwanzigsten Jahrhunderts zu erinnern. Dieses versprach bei seinem Anbruch zunächst sehr viel. Es schien der Beginn eines neuen Zeitalters zu werden, der Anfang einer Epoche, die den Menschen über sein Schicksal endlich triumphieren lassen würde. Tatsächlich wurde es ein katastrophales Jahrhundert, mit dem die Zeitgenossen nicht fertig werden würden und sie dazu führte, den Kindern eindeutige Lebensmaximen mit auf den Weg zu geben und wenn es bloß die Empfehlung war, sich politisch auf jeden Fall zurückhaltend zu verhalten.

Die Dampfmaschinen hatten ab etwa 1840, beginnend mit dem Bau von Eisenbahnen, die Hebel auf technischen Fortschritt umgestellt. Dadurch und erst recht, als sich um 1900 auch noch die Elektrizität durchsetzte, ließ sich technisch Großartiges künftig als wahrscheinlich annehmen. Und der

---

[4] Die überhebliche Annahme, dass das Subjekt autonom zu denken sei, erklärt womöglich die westdeutsche Beurteilungsanmaßung ostdeutscher Biografien in der Nachwendezeit bei gleichzeitigem Verzicht auf eine Betrachtung der Verhältnisse. Sie entsprach dem wissenschaftlichen Bemühen in der Bundesrepublik, die Gesellschaft unideologisch zu sehen, was Tendenzen der Enthistorisierung einschloss. Den Menschen als Produkt seiner Verhältnisse zu betrachten, ist eine marxistische Formulierung.

Mensch? Ihm war Gleiches zuzutrauen, denn er würde in der Lage sein, die Prinzipien des Lebens umzuwerten, sich die Natur (auch die des Menschen) problemlos untertan zu machen. Die Zeit der „Ismen" brach los: Sozialismus, Kapitalismus, Monopolismus. Die Welt schien systemisch zu funktionieren: So wie eine Fabrik, und sich mit Hilfe der noch so jungen „Wissenschaft" des Geistes[5], auf Begriffe bringen zu lassen, um die Abläufe in der „Fabrik Staat" zu verstehen. Handlungswissen wurde zu einem Bedürfnis, um in den „Kämpfen der Zeit"[6] die richtigen Entscheidungen für sich zu treffen. Dafür benötigte man Bewusstsein: Eine Formulierung, die jenen Bildungswillen beschrieb, die Welt begreifen zu wollen, denn das Leben erschien in dieser Zeit des Übergangs vielen Menschen als Konstrukt durchschaubar. Die Naturwissenschaften bestärkten die Hoffnung, dass alles endlich erkennbar sei und jeder Mensch alles lernen könne.[7] Noch in den siebziger und achtziger Jahren des zwanzigsten Jahrhunderts dominierten mechanische Auffassungen von der Welt und vom Leben (teilweise auch im Westen), dem proletarischen Kampfmotto entsprechend: „Alle Räder stehen still, wenn Dein starker Arm es will!".

Doch an der Schwelle zum zwanzigsten Jahrhundert waren aus Dorf- und Kleinstadtbewohnern in langen Schichten arbeitende Großstadtmenschen geworden, die nun oft maschinengleiche Tätigkeiten ausübten und sich zunehmend nur noch als „Masse Mensch"[8] empfanden, entfremdet auch gegenüber dem Ergebnis ihrer eigenen Arbeit, dessen Sinn und Nutzen zu verstehen (zum Beispiel als Einzelteil einer komplizierten Maschine) mitunter sogar unnötig geworden war. Die Werktätigen wurden bloßer Bestandteil

---

[5] In der DDR wurde der Begriff Geisteswissenschaft in methodischer Ablehnung zur Geistesgeschichte grundsätzlich vermieden. Es existierte folglich keine Unterscheidung zwischen Geisteswissenschaften und Gesellschaftswissenschaften.

[6] Anlehnung an Formulierungen der proletarischen Literatur der zwanziger Jahre, die in der DDR bis in Wissenschaftsdebatten der achtziger Jahre tradiert wurde.

[7] „Jeder Mensch kann alles lernen." Hermann Duncker zugeschriebene Formulierung. Hermann Duncker (1874-1960) war linker Gewerkschaftler und Leiter der Marxistischen Arbeiterschule.

[8] Wie es in der expressionistischen Kunst wiederzufinden ist, sehr bildhaft im Film „Metropolis". Selbst wenn es einen Stolz des Arbeiters auf das Endprodukt gegeben hat, der das Teil an dem Ganzen, das er herstellte nicht verstand, demütigte doch die monotone Tätigkeit in der Fabrik die Persönlichkeit.

eines längeren Herstellungsprozesses, die Gefolgsgesellen der Rotationsgeschwindigkeiten von Maschinen und Fließbändern. Aus der neuen Gefangenschaft in den Verhältnissen glaubte man jedoch sich auch befreien zu können, wenn es gelänge, die Ketten sozialer Ungleichheit zu sprengen, denn einerseits gab es da die Neureichen in ihren Villen, andererseits die Arbeiterwohnkasernen mit beengten Hinterhöfen. Es ging um soziale Gerechtigkeit, die als zu erreichende allgemeine Gleichheit angesehen wurde.

Es war die Zeit der Etablierung der Arbeiterbewegung. Parteien hatten einen enormen Zulauf. Das Leben hatte seine Aura verloren. Der Mensch im Kapitalismus war überraschenderweise austauschbar geworden, so wichtig oder unwichtig wie die Produkte, die er besaß (später würde man das Konsumgüter nennen). Die „kleinen Leute", die Besitzlosen wurden DIN-gerecht normiert, wie eine Notwendigkeit in der Industrieproduktion, ersetzbar und doch als einzelne Persönlichkeit irrelevant in der Transmissionsriemenfabrik, die den Takt vorgab für die Arbeit. (Es darf nicht vergessen werden, dass die Gesellschaft seinerzeit durchgreifend arbeitssozialisiert war.) Im bäuerlichen Leben hatte das Traditionelle und Hierarchische dominiert. Nun stellte sich das Geldliche davor. Das zwanzigste Jahrhundert erzeugte in Bezug auf die Vorstellung vom Menschen ein Paradoxon: Die Erwartung des gottgleichen Beherrschens aller Verhältnisse durch den Einzelnen und zugleich die individuelle und doch so allgemeine Erfahrung der Reduzierung des Menschen in seinen Fähigkeiten und Fertigkeiten.

Der demokratische Anfang, eine nicht mehr so sehr moralisierende und hierarchische Regelung der Gesellschaft zu errichten wie zuvor, musste daher notwendigerweise als zu sachlich erscheinen, was sich in dem von der Nazipropaganda diffamierend eingeführten Begriff „Systemzeit" wiederfand. Die Regelung der deutschen Verhältnisse nach so distanziert erscheinenden Gesetzesbuchstaben trat dem Einzelnen nüchtern gegenüber. Den Vorteil dieses abstrakten Verhältnisses des Staates zum einzelnen Bürger zu erkennen, gelang den meisten Menschen noch nicht. Sie meinten im Gegenteil noch einmal eine eigene Bedeutsamkeit des Lebens erreichen zu können, zum Beispiel als Klassenkämpfer, als Teil einer Avantgarde der „Masse Mensch".

Es ereignete sich zudem die Katastrophe des Ersten Weltkrieges. Der Einzelne empfand sich als hilfloses Kanonenfutter, denn es war im Kampf eben nicht mehr zu der noch erhofften Selbstbestätigung des kämpfenden Individuums gekommen, welches sich mit Schlauheit und Stärke durchsetzte. Die Soldaten fielen im Gefecht durch Technologie, angewendet häufig aus anonymer Distanz. Dies bestärkte erneut und gegen den eigentlichen Inhalt der Moderne die Vorstellung der Schicksalshaftigkeit des Lebens: „Man wurde gelebt" und lebte nicht selbst. Es verlangte in der Not, die kriegsbedingt auch Hunger bedeutete, allgemein nach einer Umkehrung der Verhältnisse, auch nach einer Revolution, die zur Veränderung des Landes führen sollte: Emanzipation durch Gleichheit und Einheit. Diese Revolution ließ sich jedoch nicht in einem deutschen Reich verwirklichen, das trotz Abdankung des Monarchen immer noch um eine kaisertreue Identität rang. Ein zweites Paradoxon jener Jahre. Nationalstaatlichkeit definierte sich zu jener Zeit in Europa durchaus noch nach gefühlten Völkerpsychologien[9], als noch versucht wurde, Menschliches nach naturwissenschaftlichen Vorbildern streng und dabei doch sehr simplifizierend - wie wir heute wissen - zu kategorisieren. Daraus folgte schließlich auch die Vorstellung, Menschen qualitativ, das heißt rassisch, unterscheiden zu können. Dies führte zu den verbrecherischen, schrecklichen Folgen.

Als Reaktion auf die noch wenig begriffene, so grundsätzliche Veränderung sämtlicher Verhältnisse, auf die undurchschaute Modernisierung in ihren Konsequenzen, ist auch die Hoffnung zu sehen, ein neues, besseres Leben erzwingen zu können, nicht den Menschen umzuzüchten, sondern dem Determinismus der marxistischen Theorie folgend, die Lebensumstände zu ändern: Das gesellschaftliche Sein bestimmt das Bewusstsein.[10] Eine durch eine letzte (vielleicht auch internationale) „Klassenschlacht" zu errichtende Gesellschaft könnte endlich die Profitinteressen Einzelner durch den sozialistischen Staatsbesitz von Unternehmen verhindern, das tatsächliche, endgültige Glück des Menschen ermöglichen und die Befreiung des Einzelnen mit Hilfe von Technologie aus der Sinnkrise seiner Existenz: *„Brüder zur Sonne zur Freiheit, Brüder zum Lichte empor…"*[11].

---

[9] Ein Titel eines Buches von Wilhelm Wundt, welches intendierte Sprache und Kultur national gegenseitig auf- oder abwertend zu vergleichen.

[10] Karl Marx hatte formuliert: *„Es ist nicht das Bewusstsein der Menschen, das ihr Sein, sondern umgekehrt, ihr gesellschaftliches Sein, das ihr Bewusstsein bestimmt."* Zur Kritik der Politischen Ökonomie. Vorwort. 1867.

[11] Aus einem Liedtext der Arbeiterbewegung.

Die Konservativen und Rechten in der Gesellschaft hingegen verfolgten intensiv den Gedanken, in traditioneller Fortführung die Nation stärken zu müssen, sie gegen die europäischen Nachbarn zu einer Monopolstellung in der Welt zu führen, um so Lebensgrundlagen zu sichern.[12] Die Nazis entwickelten ihre Ideologie im Unverständnis der unausweichlichen Globalisierungstendenz der Marktwirtschaft! Die Kommunisten verdrängten in ihrem Weltbild, die innovative, dem Menschen das Alltagsleben erleichternde Potenz der Marktwirtschaft, da ihr Blick auf gleiche (diktatorisch zu erreichende) Menschenrechte gerichtet war, denen sich die wirtschaftliche Grundlage des Lebens unterzuordnen hatte.

Es waren die wirren zwanziger Jahre politischer Instabilität in der Inflationszeit[13], die eigentlich beides nahelegten: Eine sachliche und nüchterne Betrachtung der menschlichen Existenz (verbunden mit der Suche nach reformierenden, demokratischen Lösungen für eine bessere soziale Zukunft) und zugleich einen Drang, nun entschieden und mit nie zuvor da gewesener Radikalität vorzugehen, da die Umstände dafür günstig erschienen. In Deutschland setzten sich fast zufällig die radikalen rechten Kräfte durch.

Von heute aus betrachtet wird nur zu verständlich, inwiefern dies den Ausgangspunkt für die weiteren Ereignisse des zwanzigsten Jahrhunderts bildete. Es ist die Zeit um die Machtergreifung der Nationalsozialisten herum, die noch die Lebensentscheidungen der weitaus später Geborenen, hier zu Wort Kommenden, lenkte. In einem Fall dieser Ich-Berichte ist es aufgrund des Alters die eigene Jugendprägung, in weiteren Texten die Kriegs- und unmittelbare Nachkriegszeit, die einen bestimmten Weg einschlagen lässt, in einem Bericht sogar die Jugend nach dem Ersten Weltkrieg.

Die Themen der zweiten Jahrhunderthälfte waren durch die erste gesetzt worden: Selbst für die hier zu Wort kommenden Zeitzeugen, die erst Jahrzehnte nach dem Zweiten Weltkrieg geboren wurden, dominierten die Themen „Frieden" und „soziale Gerechtigkeit", verbunden mit der Selbstverpflichtung, als Staatsbürger engagiert zu sein. Wer lebensbejahend eingestellt war, die Welt, die ihn umgab, erst einmal annahm, diese sogenannte „real-

---

[12] NS-Propaganda-Slogans spiegeln dies wieder. Beispielgebend soll hier lediglich auf die Losung „Volk ohne Raum" (= Lebensraum) hingewiesen werden.

[13] Die auch künstlich von der sozialdemokratischen Regierung angeheizt worden war, um die Schulden des Deutschen Reichs bei der eigenen Bevölkerung zur Finanzierung des Ersten Weltkriegs abzuzahlen.

sozialistische" Welt, hatte eigentlich keine Mühe sich zu dem Land zu bekennen, welches sich die oben genannten Ziele als wichtigste Themen täglich in die Zeitung schrieb. Vergessen werden darf auch nicht, dass sich die DDR auf protestantischem Gebiet befand. Die Menschen waren es über Generation gewohnt zu missionieren bzw. missioniert zu werden, „Gutes" zu tun, andere zu etwas zu zwingen. Das schloss auch mit ein, sich selbst zu disziplinieren, zu zensieren, zu überwinden. Die Menschen der verloren gegangenen Ostgebiete hatten den Krieg besonders grausam erfahren. Und dennoch prägten Schuldgefühle und der Wille, neu anzufangen, wohl die meisten Deutschen in allen vier Besatzungszonen. „Das System" (das politische und/ oder wirtschaftliche) für das eigene brutale Verhalten verantwortlich zu machen, half sich selbst zu entlasten. Zudem hatten viele die Ereignisse so erfahren, dass sie „über sie gekommen waren", wollten so etwas nie wieder geschehen wissen, nirgendwo auf der Welt. „Lieber jeden Tag trocken Brot essen."[14]

Nach 1945 setzte Hochkonjunktur ein: Für Gesellschaftsexperimente. Man war bereit, grundlegende Reformen anzugehen. Im Westen dämmten die Alliierten diese Versuche ein. Im Osten erfolgten unter sowjetischer Anleitung die Verstaatlichung von Betrieben und die Bodenreform.[15] Die von letzterer profitierten, stützten die DDR häufig bis zu deren Ende. Auch die Wurzeln der Europäischen Union liegen nicht zuletzt in dem durchaus sozialistischen Gedanken, durch die gemeinsame Kontrolle der deutschen und französischen Montanindustrie zu verhindern, dass sich nationale Interessen noch einmal blutig durchsetzen.

Im Osten Deutschlands war der Alltag nun einmal sozialistisch nach sowjetischem Muster geworden, so ähnlich wie überall im Ostblock.

Ich habe mich entschieden, diese Texte „Ich-Berichte" zu nennen. Sie gehen individuellen Entscheidungsfindungen nach. Nach der Wiedervereinigung war viel die Rede von IM-Berichten, Berichten Informeller Mitarbeiter[16] der Staatssicherheit, von denen es viel zu viele gab und die nicht selten auch den

---

[14] Äußerungen, die der Autor in seiner Kindheit mehrfach von Zeitzeugen hörte.

[15] Bodenreform: Aufteilung von Land an Kleinbauern zwischen 1945 und 1948.

[16] Ein IM ist ein Inoffizieller Mitarbeiter oder auch Informeller Mitarbeiter. Letzteres entspricht der üblichen Formulierung nach 1989.

Nachbarn beobachteten. Aber es muss auch gesagt werden, dass das Berichten an sich zu den Erscheinungen des DDR-Alltags gehörte. Man berichtete über sich und andere, Produktionserfolge oder kulturelle Erlebnisse. Der Titel „Ich-Berichte" erscheint mir passend.

Am sicher absehbaren Ende des Landes stand nur noch die Reflexion über das eigene Verhalten im Vordergrund. Das bildete die Grundlage für dieses Buch. In der Summe vermag dies vielleicht als eine Art Geschichtsrevue gelesen werden, womöglich sogar als ein Panorama exemplarischer Lebensläufe von DDR-Unterstützern und ihrer Motive, nicht nur durch die inzwischen notwendig gewordenen Anmerkungen, sondern auch weil die Ich-Berichterstatter oft weit ausholen.

Eigentlich müssten die Befragten ausführlich definiert haben, was sie tatsächlich unter dem Gesellschaftsexperiment DDR verstanden hatten. Beim heutigen Lesen der einzelnen Interviews fällt jedoch auf, wie wenig und wenn, dann wie unterschiedlich Sozialismus von den Befragten definiert wurde. Einerseits war es Metapher für soziale Sicherheit, andererseits wurde es definiert als Gleichheits- und Gerechtigkeitsanspruch und Erwartung an die Gesellschaft. Es wurde mitunter auch nur gleichgesetzt mit dem marxistischen Theorieentwurf, dass die Eigentumsverhältnisse bestimmte Gesellschaftsformationen festlegten und der staatliche Besitz von Produktionsmitteln erst das Gesellschaftsexperiment des „neuen Menschen" ermöglichen würde. Dieses Projekt des neuen Menschen aus den zwanziger Jahren wurde in der DDR nicht formuliert: Ja, der Mensch sollte geändert werden. Aber die Radikalität des ursprünglichen Vorhabens wurde in der DDR-Agitation dahingehend gemildert, dass angenommen wurde, dass der „bessere, moralischere Mensch" durch die Verhältnisse entstehen würde. Die Begrifflichkeit des „neuen Menschen" wurde aufgegeben. Gesprochen wurde daher immer vom Sozialismus als der „menschlicheren Gesellschaft". Inhaltlich blieb das Konzept identisch.

Die Deutschen in Ost und West lebten also in sehr verschiedenen und dennoch miteinander verbundenen Welten. Und dann, nach 1989, die Wiedervereinigung: Ein geglückter Prozess? Als im Jahr 2013 ein Radiointerview aus Anlass der Maueröffnung mit einem Wissenschaftler gesendet wurde, kommentierte dies mein damals fünfzehnjähriger Sohn mit den Worten: „Dort müssten eigentlich zwei sitzen, ein „Ossi" und ein „Wessi"." Das ist die entscheidende Frage: Warum findet dieser Dialog unter den Deutschen immer noch so selten statt und wenn, dann häufig nur im

Privaten? Durch den Lebensalltag sind sich die Ost- und Westdeutschen zweifellos längst näher gekommen, in der akademischen Diskussion weniger. Die Ursache hierfür wird die Entfernung fast aller DDR-Geisteswissenschaftler in den Jahren unmittelbar nach der Wiedervereinigung sein.[17] An Hochschulen und Universitäten gibt es daher seit Jahrzehnten kaum Personen, die die Atmosphäre im Land persönlich kennen und sie nicht nur intellektuell „rekonstruieren" müssen. Ein entspanntes deutsch-deutsches Verhältnis in den Köpfen wird es erst geben können, wenn allgemein das zwanzigste Jahrhundert verstanden worden ist. Ostdeutsche Geisteswissenschaftler hätten sich dabei als hilfreich erweisen können.

Was bleibt von der DDR, fragte in der Wendezeit die in Ost- und Westdeutschland damals populäre DDR-Autorin Christa Wolf.[18] Die Antwort hätte sein können: Die ostdeutsche Lebenserfahrung, dass die eigene Existenz wesentlich geprägt ist von der Geschichte und den Zwängen, in denen man lebt. Die Erfahrungen der DDR-Bürger hätten eine Entgegnung sein können, etwas, das bleibend gegen die aus der Bequemlichkeit des Lebens heraus (nun auch im Osten) so leicht erwachsende Tendenz des schnellen Diktums argumentieren würde.

Lange glaubte ich, dass die Bundesrepublik durch das Wirken der Achtundsechziger zu einem demokratischen Land geworden ist, das sich kritisch dem Umgang mit der Nazizeit stellt. Das mag auch immer noch nicht ganz falsch sein, besonders, wenn dabei an die Öffentlichkeit, die Literatur und die Medien gedacht wird. Andererseits wurden aber die Grundlagen der heutigen, bundesdeutschen Gesellschaft in den fünfziger Jahren geschaffen, maßgeblich auch von Leuten, die in der NS-Zeit als Täter verstrickt waren. Haben sie gerade, weil sie aus eigener Erfahrung wussten, wie sehr der Mensch ideologisch gefährdet ist, einen so pathoslosen, bloß juristisch

---

[17] DDR-Wissenschaftler mussten nach der Wiedervereinigung vor einer Kommission nachweisen, dass ihre Hochschulanstellung nicht aus vorwiegend politischen Gründen erfolgt war. Durch die allgemein hohe Politisierung des Lebens in der DDR und durch die Notwendigkeit des Nachweises eines politischen Engagements für den Erhalt einer Professur in der DDR ermöglichte dieses Herangehen die weitreichende Entfernung wissenschaftlichen Personals zugunsten des Abbaus westdeutscher Akademikerarbeitslosigkeit.

[18] Titel einer Erzählung von Christa Wolf: „Was bleibt." Weimar 1990.

begründeten Staat geschaffen?[19] Wäre es in Ostdeutschland anders verlaufen, wäre den Ostdeutschen nicht der Sozialismus als Programm verordnet worden? Ist es aber andererseits nicht auch so, dass das bloße Wissen um die Karrieren ehemaliger Nazis im Westen bei Leuten im Osten zu solchen Abwehrhaltungen gegen die Bundesrepublik führte, dass es für das eigene Handeln motivierte, für das sozialistische Programm des „neuen besseren Menschen", für den Schutz eines Gesellschaftssystems beflügelte, das so im Osten zu einem persönlichen moralischen Anliegen geriet, „Bau auf", „Glück auf"?

Letztlich definierte sich die DDR stets nur als Gegenprogramm zum Westen, das moralisch überlegene Teildeutschland Ost, das seine Lehren aus der Geschichte gezogen hatte - ohne zu begreifen, was sich im Westen vollzog, dass die alten Eliten nämlich durchaus nicht selten doch auch ihre „Lehren" gezogen hatten. Aber die besonders kriegsgebeutelten Ostdeutschen fanden es besonders unangenehm, ja unerträglich, dass die alten Funktionsträger sich dort reaktivierten, während in der sowjetischen Zone, dann in der DDR, Beamte mit Nazivergangenheit in den meisten Gesellschaftsbereichen konsequent ausgetauscht wurden und sich neuen Leuten eine für Ihre Verhältnisse unerhörte Chance bot, häufig solchen, denen bisher ein gesellschaftlicher Aufstieg verwehrt worden war, welchen aus niederen Gesellschaftsschichten. Auch dieser nicht zu vergessende historische Fakt erklärt die langanhaltende Stabilität des Landes DDR.[20]

1989 wurde der gesamte Maßstab, über den der Einzelne verfügt, im Osten in Frage gestellt. Nach der Öffnung der Grenzen und nach dem Kollaps der SED-Diktatur mussten sich „Täter" wie „Opfer" nur wenig zeitverzögert

---

[19] Gerade nach dem katastrophalen Ende eines quasi-religiösen Politikverständnisses wie in der NS-Ideologie drängte sich ein pragmatisches Handeln nur zu verständlich auf. Solche Formulierungen wie „Die Zeiten des Politischen liegen hinter uns" waren zugleich hilfreich, um die persönliche schuldhafte Verstrickung im Nachhinein als Jugendverfehlung zu reduzieren.

[20] Das Beispiel dafür habe ich auch in meiner eigenen Familie. Ein hochrangiger Wirtschaftsmanager zur Nazizeit weigerte sich nach dem Krieg in den Westen zu ziehen, obwohl sein Wohnhaus im Osten zerstört war und er nur noch in einem kleinen Gartenhaus wohnte, wenn auch mit schönem Garten und obwohl die ehemaligen anderen Aufsichtsratsmitglieder immer wieder in den Osten reisten und ihn zur Ausreise in den Westen zu bewegen suchten. Mein Urgroßonkel – alleine lebend – lehnte ab. Es wird vermutet, dass er mit denen nichts mehr zu tun haben wollte.

fragen, ob ihre Lebensleistung denn etwas wert gewesen sei, wenn sich die Institutionen auflösten und die Betriebe, Bauwerke und Denkmäler des Sozialismus weggebulldozert wurden und dafür die Regeln und moralische Maßstäbe eines Nachbarlandes über Nacht als Gesetz galten. Opposition in der DDR zielte auf Verbesserung des Projekts Sozialismus, nicht auf dessen Beendigung.[21] Allein dadurch überlagerten sich nicht selten Staatsnähe und Staatsferne, wie es zum Teil in diesen Ich-Berichten zu lesen ist. Der simple Anschluss an die Verfassung des Bundesrepublikstaates stand in der Realität der stabilen wie krisengeschüttelten DDR einfach nicht zur Debatte. Dass dies ein Tabu des Kalten Krieges war und wenn, dann unter den Besatzungsmächten auszuhandeln wäre und nicht unter Ostdeutschen, machte allein die Präsenz sowjetischen Militärs auf ostdeutschen Straßen deutlich. Die plötzliche Implosion der DDR erzeugte - um einen DDR-Begriff zu benutzen - letztmalig im „Kollektiv" ihrer Bewohner das Gefühl missbraucht und betrogen worden zu sein. Durch die Hast beim Vollzug der Wiedervereinigung sahen die ehemaligen DDR-Bürger sich vom Westen übervorteilt. Das geschah allein dadurch, dass Ostdeutsche sich juristisch nicht schnell genug im neuen Leben zu orientieren vermochten und so objektive Nachteile erlitten (beispielsweise durch Übervorteilung durch westdeutsche Makler in Grundstücks- oder Versicherungsfragen). Das Beklagen dieses Zustandes führte dazu, dass der Westen – wenig hilfreich in dieser Situation - „Jammerossis" entdeckte. Wurde (und wird?) sich jenseits der abgerissenen Mauer viel Mühe gegeben, die Vorgänge zu verstehen?[22]

Übervorteilt und missbraucht gefühlt haben sich die vielen SED-Mitglieder und Angehörigen der Polizeiapparate aber schon zuvor, dann zunehmend immer mehr in der Wendezeit, als sie etwas bekämpfen sollten, was ihnen als Aufgabe immer weniger sinnvoll erschien und nur der alten Politgarde noch nutzte. Ende 1989 wurden die zuvor nur teilweise erahnten Konsumentenvorrechte des Politbüros publik – mit schockartiger Wirkung.

---

[21] Wer für die Abschaffung des Systems eintrat, ging in den Westen oder wurde dorthin von den Sicherheitsbehörden abgeschoben.

[22] Westdeutsche mögen folgende verständliche Befürchtungen gehegt haben: Die Ostdeutschen erhalten jetzt einfach so den in vierzig Jahren im Westen erarbeiteten Wohlstand. Ein verschuldeter Staat wird in Vernachlässigung der Verantwortung der Regierung gegenüber der bundesdeutschen Bevölkerung übernommen. Unselbständige Staatsbürger werden zu Mitbürgern der Demokratie West.

Wer diese Texte liest, sollte bedenken: Entscheidende Informationen, um den Charakter des Staates, in dem sie lebten, deutlicher erkennen zu können, fehlten den Menschen. Sie kannten zum Beispiel das Ausmaß bestimmter Makel des Landes nicht, etwa die genannten Privilegien des Politbüros. Es gab in dieser Hinsicht eine viel beschränktere Öffentlichkeit, als man sich das heute im digitalen Zeitalter vorzustellen vermag.

Ich war Anfang 1990 fünfundzwanzig Jahre alt. Auch meine eigene Verunsicherung war hoch. Ich sah eine einmalige Chance, diejenigen zu befragen, die in dieser Situation wohl am meisten verunsichert waren und die sich noch kein neues stabiles Weltbild zurechtgelegt hatten. Leute zu interviewen, wie sie die Welt sahen, wenn man selbst noch keine Antworten hatte, war auch eine Möglichkeit, die Ereignisse für sich selbst zu verarbeiten.

2002 fielen mir die Texte wieder in die Hand, ich verfasste ein Vorwort und legte danach alles wieder in die Schublade. Ostler und Westler konnten nach meiner damaligen Einschätzung immer noch nicht einander so zuhören, dass auch ein Ostlebenslauf einen Wert hatte.

Heute – fast fünfundzwanzig Jahre nach der Wiedervereinigung - überrascht mich, wie viel mir die Leute anvertraut haben, wie detailliert sie über ihr Privatleben sprachen. Doch wir waren alle sehr politisiert im Osten. Da kam man (und kommt noch immer) schneller zum Thema, auch das Persönliche betreffend. Freilich hatte ich ihnen Anonymität zugesichert und selbst die Vornamen stimmen nicht. Den „Wachmann" hatte ich, wenn ich mich richtig erinnere, einfach vor dem immer noch existierenden Objekt angesprochen und wir unterhielten uns dann in dem Gebäude. Ich sah ihn nur noch ein zweites Mal. Bei ihm wie bei der Mehrzahl der Interviewten weiß ich nichts über den weiteren Lebensweg. Da ich mir seinerzeit bewusst nicht die Namen aufgeschrieben hatte, vermag ich nicht den weiteren Lebensweg zu recherchieren. Mir ist bekannt, dass die Rentnerin, der Informant und der Außenhändler nicht mehr am Leben sind. Nur einige Namen sind mir noch in Erinnerung.

Dass die Texte „echt" sind, belegt die Sprache, die noch der DDR verhafteten Formulierungen, die verwendet wurde. Nicht selten lässt sich ein Wechsel der Weltanschauungen auch an Worten beobachten wie zum Beispiel bei dem Ich-Bericht mit dem Titel „Der Lehrmeister". Redet der Lehrmeister über die DDR, benutzt er Passivformulierungen, benutzt er das „wir" oder das unpersönliche „man" als Pronomen; je näher er jedoch mit seinen Überlegungen in dem Text in der Neuzeit des Westens ankommt, geht er zum „ich" über. Vermutlich bemerkte der Interviewpartner das seinerzeit gar nicht selbst.

Ich möchte an dieser Stelle ein weiteres Motiv zur Sprache bringen, das ich als meinen Antrieb vermute, Anfang 1990 dieses Projekt zu starten. Es zeichnete sich bereits die Tendenz ab, die DDR als simples Produkt von Repression zu erklären und verantwortlich dafür allein die Mitarbeiter der Staatssicherheit zu erklären. Ich hielt das schon damals nicht für gerechtfertigt und ärgerte mich über die Pauschalisierungen. Die Staatssicherheit war Schild und Schwert der Partei,[23] der SED untergeordnet, keine autonom arbeitende Geheimdienstkrake, der keiner entging, wie es die nun aus dem Westen stammenden oder vom Westen übernommenen Medien darstellten und die suggerierten, dass für staatstragende Institutionen der DDR nur Leute mit „miesem Charakter" hätten arbeiten können. Die Interviews hier zeigen, dass sich die Staatssicherheitsleute als Handelnde im Sinne der SED sahen. Die Weltsicht betreffend, in der DDR nannte man das „ideologisch", gab es für mich nie einen Unterschied zwischen Mitgliedern der SED und Mitarbeitern der Staatssicherheit. Die Parteimitgliedschaft war vielmehr Voraussetzung der intensiven Mitarbeit in jenem Polizeiorgan. Verantwortlich für Fehlentwicklungen, Personenkult, diktatorisches Vorgehen waren dann sehr viele: Sozusagen alle SED-Mitglieder. Von dem Gesichtspunkt der Verantwortlichkeit aus betrachtet, gab es keinen Unterschied zwischen SED-Mitgliedern und Staatssicherheitsmitarbeitern. Und dennoch muss es einen gravierenden Unterschied in der Herangehensweise an die Gesellschaft gegeben haben, der mich schon zu DDR-Zeiten beschäftigte: Trotz einheitlicher politisch-ideologischer Grundlage müssen in der SED und in der Staatssicherheit unterschiedliche Menschenbilder vorgeherrscht haben.

Das Menschenbild war positiv in der SED und schloss durchaus an die christliche Tradition des Glaubens an eine „erlösende" Zukunft an, die Möglichkeit der Erziehung zu einem selbstlosen Leben für andere. Dagegen stand das äußerst negative Bild des manipulierten/ manipulierbaren DDR-Bürgers bei der Staatssicherheit, das diese DDR-Behörde intern verfolgt haben muss, um eine Begründung für ihre Kontrollfunktion der Gesellschaft zu beschreiben. Ich habe mich immer gefragt, wie das eigentlich

---

[23] Schild und Schwert der Partei. So sah sich die Staatssicherheit selbst.

zusammenpassen konnte. Die offizielle DDR-Ideologie glaubte an den einzelnen Menschen, formte ihn durch Schulungen, was im historischen und bereits zuvor beschriebenen Kontext eben nicht nur als Mittel zur Durchsetzung der Diktatur verstanden werden kann. Der Grundinhalt aller politischen Schulung bestand aus Marxismus, Exegesen des innenpolitischen Grundkanons, schon um Fehlerdiskussionen des dramatischen Wirtschaftsverfalls im Land zu umgehen. Es gibt keinen Zweifel, dass der Marxismus die Vernunftfähigkeit des Menschen bei weitem überschätzte. Die Staatssicherheit dagegen hatte das Gefährdetsein des Einzelnen anzunehmen. Wie konnte man Sozialist/ Kommunist und gleichzeitig Tschekist[24] sein (Mitarbeiter des Ministeriums der Staatssicherheit)? Die Antwort deutet sich in einigen dieser Texte an, die ich als „Ich-Berichte" bezeichne. Es ist die Prägung in der Nazizeit, der Nachkriegszeit oder der Verlängerung in das kriegsnahe Alltagsleben des Kalten Krieges bis in die Mitte der achtziger Jahre hinein, die bei einigen kein positives Menschenbild mehr ermöglichte. Vielleicht lässt es sich so erklären, dass der einzelne Befragte gerne an das Gute im Menschen glauben wollte, es letztlich aber nicht vermochte aufgrund eigener oder angelesener Erfahrungen. Das eine ehrlich zu wollen, es aber nicht umsetzen zu können, ist menschlich. Oft spüren wir nicht, wie das soziale Umfeld uns allmählich verändert. Das ist auch heute noch so. Dass ehemalige Mitarbeiter der Staatssicherheit, nicht nur da sie von der Wendezeit an geächtet und bestraft wurden (durch die Rentenregelung, Ausschluss aus dem Öffentlichen Dienst), anschließend zur Schwermut neigten, erscheint nicht ganz unlogisch. Sie mussten sich erneut in ihrer Grundannahme bestätigt sehen, dass der Mensch „noch nicht" dazu fähig sei, den Sozialismus zu errichten. Dass die Staatssicherheit als Behörde sich ungeheuer ausdehnte und, obwohl institutionell der SED untergeordnet, zu einem Staat im Staat wurde[25], belegt andererseits die Unehrlichkeit der Führung, die eben nicht mehr dem positiven marxistischen Menschenbild anhing, sondern dem eigenen Volk misstraute. Veränderungen in der Führungsebene der DDR, beispielsweise die erhoffte Ablösung von

---

[24] Tschekist: Von Tscheka, dem sowjetischen Geheimdienst abgeleitet als Begriff für Geheimdienstmitarbeiter des Ostblocks. Tscheka Abkürzung im Russischen für den Kampf gegen Sabotage und Konterrevolution.

[25] Die Anzahl der Angestellten des Ministeriums für Staatssicherheit stieg kontinuierlich an. Waren es in den sechziger Jahren noch um die 20.000 Mitarbeiter, betrug die Anzahl der Mitarbeiter in den achtziger Jahren 80.000-90.000 Mitarbeiter. Hinzu kamen noch Informanten (Informelle Mitarbeiter = IM genannt).

Honecker, der zunehmend als unfähig und alt innerhalb der SED empfunden wurde, hätten sicherlich auch zu einem Umbau bzw. zu einem Strategiewechsel in der Staatssicherheit geführt, so wie der Wechsel von Ulbricht zu Honecker. Dazu ist es bekanntlich nicht gekommen.

War die Wiedervereinigung ein Glücksfall? Betrachtet man allein die enorme Gefahr eines Krieges in Europa, zwischen den beiden deutschen Staaten, muss man dies unbedingt bejahen. Doch es gibt Gründe, die Art und Weise des Einigungsprozesses kritisch zu sehen. Die Interviews belegen ebenso wie der gesamte Verlauf der kritischen Situation in der DDR 1989 die enorme Lernfähigkeit von Menschen in Notsituationen. Die Diffamierung des ehemals kommunistischen Spektrums in der DDR[26], das sich in diesen Texten stets als „links" bezeichnete, in den Nachwendejahren war unnötig und unsinnig. Es entsprach womöglich weniger den Interessen der vereinten Bundesrepublik als kurz- oder mittelfristigen Strategieüberlegungen der konservativen Parteien, die sich vor einem bei künftigen gesamtdeutschen Wahlen hinzukommenden Wählermilieu scheuten, das traditionell, also schon vor der Nazizeit, eher sozialdemokratisch gedacht und gewählt hatte. Verspielt worden ist dabei längerfristig die Leistungsbereitschaft vieler Ostdeutscher, etwas das, wie ich meine, durchaus vorhanden war, wie es auch hier in den Texten zu spüren ist. Es war sehr deutlich die Bereitschaft da, etwas für „unser" Land zu tun.[27] Ich glaube nicht, dass diese Leute sich der Gestaltung eines größeren Heimatlandes verweigert hätten. Man hätte die Ostdeutschen in die westdeutsche Identität mit hineinnehmen müssen. Worin bestand diese jedoch 1989/1990? In der Abgrenzung? Es fiel seinerzeit leicht, die Intellektuellen des Landes DDR zu verunglimpfen.

Was lässt sich mit Abstand nach Lektüre dieser Ich-Berichte verallgemeinert zu möglichen ostdeutschen Wahrnehmungskonstanten sagen? Besonders intensiv scheint ein marxistisches Formationsdenken verinnerlicht worden zu sein, dass es eine fortschreitende Entwicklung der Menschheit von der Ur-

---

[26] Vgl.: Bernd Wittek: „Der Literaturstreit im sich vereinigenden Deutschland". (Wittek, 1997).

[27] „Für unser Land". Aufruf von DDR-Intellektuellen vom 28. November 1989. In ihm wird für eine Eigenständigkeit der DDR plädiert. Die Unterzeichnung des Aufrufs durch den DDR-Staatschef Egon Krenz nach etwa zwei Wochen diskreditierte das Anliegen.

und Sklavenhaltergesellschaft aus über den Kapitalismus bis zum Sozialismus/Kommunismus geben würde. Dahinter verbarg sich ein Glaube an einen Geschichtsfortschritt, an einen überindividuellen Sinn des Daseins auf Erden.

Was für weitere Gemeinsamkeiten gibt es zwischen den Texten? Auffällig erscheint mir, wie häufig innenpolitisch erlebte Mängel und Defizite verteidigt wurden mit einer positiven Wahrnehmung der ostdeutschen und sowjetischen Außenpolitik. Mir selbst ging es bestimmt nicht anders. Fraglich ist, ob hier nicht doch nur eine sehr einseitige Sichtweise erfolgte. Bemerkenswerter erscheint mir zugleich, dass sich in den Berichten auch die militärische Prägung des Alltags wiederfindet, die vorwiegend den Westmächten angelastet wurde, konkret der NATO-Rüstung.

Mich berührt heute beim Lesen, wie stillstehend die Zeit gewesen ist. Das Leben in der DDR war ein statisches. Diese Empfindung hatte ich schon als Jugendlicher. In einem DDR-Kinderbuch – leider weiß ich nicht mehr in welchem - las ich den Satz: „Der Efeu rankte sich um das Baugerüst." Es ist ein passendes Bild, um den stagnierenden Aufbau des Landes zu beschreiben. Viele traten voller Elan in die SED ein, hofften auf Selbstfindung und aktive Verwirklichung im Miteinander mit Gleichgesinnten zu treffen, eine begründete Erwartung. Was eintrat, war dann häufig die Erfahrung des Wie-Gelähmt-Seins. Die Strukturen verhinderten, dass Veränderungen enge Grenzen überschritten. Die SED verbot als leninistische Partei die Fraktionsbildung. Dass dies der entscheidende Punkt war, der Entwicklung verhinderte, blieb vielen wohl vor dem Eintritt verborgen. Erneut muss aber auch deutlich formuliert werden, dass wer friedlich eine Veränderung wollte, wohl keine andere Chance hatte, als zu versuchen, das Land von innen heraus zu reformieren. So blieb es beim gesellschaftlichen Zirkel des ewig Gleichen.

Die SED erklärte sich jungen Menschen gegenüber als die Partei der Macher, der Gestalter des Sozialismus. Tatsächlich wurde die Partei zu einem Instrument der Zensierung kritischen Engagements. Typischerweise trat man ein mit dem Ziel, etwas zu verändern. Dann stellte man fest, dass man sich selber verändert, aber nichts bewegt hatte, nur zurückhaltender geworden war. Der Weg in den politischen Untergrund der DDR verlief häufiger über die Phasen SED-Mitgliedschaft, Stasi-Informant. Einige, vermutlich jedoch im Verlaufe der DDR-Geschichte zunehmend weniger, haben wohl in der SED auch ihre Nische sozialer Anerkennung gefunden. Die meisten erlebten die Partei aber als Belastung, vorwiegend als eine zeitliche.

Womöglich gibt es auch Meinungen, dass Leute mit solchen Lebensläufen wie diesen besser immer noch schweigen sollten. Humanität bedeutet aber auch solchen Menschen mit Respekt zu begegnen, die aus anständigen Motiven heraus „falsche" Lebensentscheidungen getroffen haben. In Vorbereitung der Veröffentlichung dieser Berichte habe ich diese einem westdeutschen Bekannten von mir zu lesen gegeben, den ich erst lange nach der Wende kennenlernte und der als Westdeutscher niemals in der DDR gewesen war, keine Verwandtschaft dort hatte und sich daher seinerzeit wenig dafür interessierte. Mir ging es darum, durch ihn zu erfahren, was durch Fußnoten an DDR-Kontext erklärt werden müsste. Die Hoffnung, es zu erfahren, hat sich erfüllt. Zugleich hat sich etwas von mir Unerwartetes ereignet. Dieser Bekannte ist psychoanalytisch geschult. Er las die Texte und versuchte die Persönlichkeit dahinter zu erkennen. Erstaunlicherweise stimmten unsere Einschätzungen der jeweiligen Persönlichkeit, die hinter einem Text steht, stets überein. Damit möchte ich sagen, dass es nicht unbedingt die Ideologie und die Kopfarbeit in jedem Fall war, die eine Person einen bestimmten Lebensweg einschlagen ließ, sondern der wesentlich vor allem frühkindlich geprägte Charakter. Letzterer ermöglichte in einem politisierten Umfeld bspw. ein besonders politisch engagiertes Verhalten, welches unter anderem Umständen sich womöglich unternehmerisch gezeigt hätte. Wer weiß? Erneut: Wer kann schon etwas für die Zeiten, in denen man seinen Lebensweg finden muss?

Lässt sich heute, fast ein Vierteljahrhundert danach, etwas aus den Schwierigkeiten des Verstehens der Deutschen untereinander lernen? Vielleicht, dass die Welt seinerzeit überwiegend als ein soziales Gemeinschaftsprojekt gesehen wurde und nicht lediglich als ein privates individuelles Unterfangen. Inzwischen ist die Anzahl der Bewohner dieses Planeten noch weiter angestiegen. Wir haben wohl keine andere Alternative, als miteinander freundlich umzugehen. Ich denke, dass dazu eine stärkere Besinnung darauf, dass wir in den meisten Situationen unseres Lebens trotz aller Privatheit und Individualität Gemeinschaftslösungen suchen müssen, dringend notwendig ist. Wir müssen uns über sehr unterschiedliche kulturelle Erfahrungen hinweg verständigen, in Toleranz und gegenseitiger Achtung, so wie die Deutschen den Deutschen gegenüber es inzwischen versuchen.

Für die Veröffentlichung habe ich die Orthografie den aktuellen Regeln angepasst. An den nahezu fünfundzwanzig Jahre alten Texten habe ich kaum eine Veränderung vornehmen müssen. Meistens waren es nur kleine stilistische Korrekturen, falls sich Formulierungen wiederholen oder unverständlich erschienen. Es blieb erstaunlich wenig zu ändern. In dieser speziellen Lebenssituation redeten die Leute so, dass man etwas damit anfangen konnte. Die einzige Änderung, die ich tatsächlich durchgängig vorgenommen habe, ist bei Frauen die weiblichen Berufsbezeichnungen zu nennen. Es war noch üblich in der DDR als Frau davon zu reden, dass man zum Beispiel „Dolmetscher" war und nicht „Dolmetscherin". Doch dies dem Leser, der Leserin zuzumuten, erschien mir nicht angebracht. Ich empfand die maskulinen Formen so irritierend, dass sie vom Inhalt ablenkten. In der Diktion versuchte ich bei der Aufzeichnung, die Erzählweise der Personen beizubehalten, die einzelnen Charaktere nicht zu verdecken. Die Sprache der DDR bleibt erkennbar. Kein Gesprächspartner wusste von einem anderen oder kannte gar ein anderes Interview. Die hohe Intertextualität erklärt sich aus dem vorgelegten Fragenkatalog und aus der Gleichheit täglicher Erfahrung in einem Land, in dem die Konsumgegenstände, die Formen des Geselligen so überschaubar und identisch blieben. Beim Lesen eines Textes dieser Ich-Berichte hatte ich allerdings schon damals das Gefühl, dass mir stellenweise etwas vorgemacht wurde beziehungsweise die Person sich selber etwas vormachte, dass sie versuchte etwas vor mir zu formulieren, was dieser Person nun wohl schon wieder opportun und nützlich zu sein schien für das neue Leben im Westen, als ob ich dabei von Nutzen hätte sein können. Diese Leseerfahrung einer dieser Ich-Berichte wiederholte sich für mich bei der aktuellen Vorbereitung für die Publikation. Doch Texte werden stets nach dem Verfassen autonom und leben nur in der Interpretation des Lesers.

Geschrieben im Frühjahr 2015

Vorwort 1990

Zum Anliegen:

Die Aufarbeitung der DDR-Geschichte wäre unvollständig, wenn nicht diejenigen zu Wort kämen, die diese Gesellschaft über Jahrzehnte mitgetragen haben. Bisher wurden zwar StaSi-Offiziere und ihre Opfer befragt sowie PDS-Wahlkampfkandidaten, das „kleine" Parteimitglied der SED/ StaSi aber nicht. Für eine Geschichtsschreibung, die nicht wie schon zu oft in der Vergangenheit Geschichte entindividualisieren will, muss es dringend notwendig sein, Motive zu erfahren, weshalb diese DDR von so vielen lange Zeit gestützt wurde.

In der sogenannten „Wende", als die allgemeine Verunsicherung groß war, erschien es am sinnvollsten, solche Gespräche zu führen, da sich noch keine allgemeine vorgefaßte Meinung über die Vergangenheit gebildet hatte.

Es wurden zehn Porträts angefertigt, die die Beweggründe für den bisherigen politischen Werdegang versuchen darzustellen. Vier der Befragten sind Frauen, drei von zehn waren bei der Staatssicherheit. Sie auszuklammern wäre kaum gerechtfertigt, da sie vor ähnlichen Problemen stehen, nur in gesteigertem Maße. Vier sind in der PDS noch mehr oder weniger aktiv. Es entstand ein Spektrum von Lebensalter und sozialer Stellung.

Die Befragung fand so statt, dass die Anonymität der Personen weitgehend gewährleistet ist. Allen wurden in etwa gleichlautende Fragen gestellt, denen die Befragten jeweils unterschiedliches Gewicht beimaßen. Die Länge eines Porträts beträgt etwa zehn bis zwölf Schreibmaschinenseiten. Die Betreffenden konnten die Texte einsehen. Sie gaben ihr mündliches Einverständnis für eine Veröffentlichung.

Das Ergebnis zeigt, dass der Prozess des Nachdenkens innerhalb eines jeden unterschiedlich vorangeschritten ist. Deshalb muss das Gesprächsdatum mit angegeben werden.

Es wird deutlich, dass die ehemalige SED natürlich keine homogene Masse war und nicht alle Mitglieder der Parteiführung stets kritik- und widerspruchslos zur Seite standen. Viele sahen stattdessen ein Für und Wider, wogen ständig ab, ob sie „trotzdem" noch Parteimitglied bleiben könnten. Vielleicht kann mit einer solchen Publikation ungerechtfertigten Pauschalisierungen entgegen getreten werden.

Vorwort 2002

Entwurf für ein Vorwort nach zufälligem Auffinden des Materials am 5.12.2002

Welche Motive haben mich Anfang 1990 dazu bewogen, solche Interviews führen zu wollen, mit diesen Menschen zu sprechen, dies niederzuschreiben?

Ein Motiv war gewiss die Verteidigung der Angeklagten. Auch in dieser Zeit wird gegen Bürger der DDR von den bundesdeutschen Medien eine inhumane, sie herabwürdigende Kampagne geführt, die von jenen Medien als solche selbst gar nicht verstanden wird. Sie wissen nicht, was sie tun. Sie sind zu sehr in ihren eigenen Wirkmechanismen westdeutscher Öffentlichkeit befangen (teilweise jedenfalls, denn einige schreiben schon sehr bewußt und politisch zielgerichtet, z. B. Karl-Heinz Bohrer). Die Mehrzahl der Westmedien scheint schlicht anzunehmen, jetzt die „Stimme der Verfolgten" in der DDR ergreifen zu müssen. Absurderweise bekannte sich zum Zeitpunkt dieser Befragung Anfang 1990, also nach der Maueröffnung und vor der Wiedervereinigung, aber noch die große Mehrheit der Ostdeutschen laut Umfragen zu einer eigenständigen Entwicklung. Es kann also nicht einfach gesagt werden, dass die Mehrheit der Ostdeutschen willenlose Opfer einer kommunistischen Diktatur darstellte. Natürlich war die DDR eine Diktatur, natürlich gab es riesige Ungerechtigkeiten. Apodiktische Schlüsse waren und sind mir zu einfach, übersehen das Einleben der Menschen in ihre Schicksale, ihre Zeit, denn DDR-Zeiten wurden und werden noch heute nicht ausschließlich als Zeiten der Not begriffen, vielmehr wie in allen vormodernen Gesellschaften wurde der Gemeinschaftssinn stets betont und noch heute erinnert. Die Westmedien machten es sich zu jener Zeit sehr leicht, dies als kommunistische Propaganda abzutun.

Besonders eine Personengruppe wird als hauptverantwortlich dargestellt, die Angehörigen der Staatssicherheit. Nun gibt es natürlich keinen Grund, diese Institution zu verteidigen. Ich selbst hatte dahin keine Kontakte. Man versuchte zwar mehrfach mich anzuwerben und einmal willigte ich auch mit Rücksicht auf meinen Studienplatz ein, während der Armeezeit über andere „gefährliche Soldaten" zu berichten, habe mich aber (mit Gewissensbissen) schon vor einem ersten Treffen selbst „enttarnt", indem ich anderen von den

Anwerbeversuchen erzählte. Ich war also weder IM, noch habe ich eine spürbare Überwachung selbst erfahren.

Meinem Gerechtigkeitssinn und meiner Beschäftigung mit der deutschen Geschichte während meines Studiums widersprach schon damals die übliche „Kollektivschuldthese" in jener Form, die vor allem den Stasi-Leuten die Schuld an den wirtschaftlichen und vor allem menschlichen Folgen der Fehlentwicklung der DDR gab. Für mich waren und sind die Übergänge fließend gewesen. Ich denke auch heute nicht, daß Stasi- und SED-Mitglieder sich grundsätzlich gegeneinander ausdividieren lassen, auch wenn es in den Konsequenzen ihres Handelns für die Betroffenen natürlich gravierende Unterschiede gab. Das war aber nicht mein Thema. Bedingung für eine Stasianwerbung war in der Regel die SED Mitgliedschaft. SED-Leute konnten auch ohne das direkte Auftreten der Stasi sehr repressiv wirken. (Das hatte ich auch selbst gespürt, als ich daran gehindert wurde, auf dem kürzesten Weg Abitur zu machen. Ich verstehe mich aber nicht als Opfer.)

SED oder Stasi oder Stasi oder SED – die Reihenfolge der Nennung scheint mir einerlei, die Menschen, die dort tätig waren, waren in der Regel Überzeugungstäter, so meine Annahme. Also mußte sich der Blick auf ihre Biografien, ihre Erklärungen für ihr Handeln, auch ihre Ausreden lohnen. In dieser Zeit und nur damals schien es mir möglich, solche Interviews zu führen. Es war eine spannende Zeit. Die Leute im Osten waren durch die faktische Infragestellung, ja, Zerstörung ihrer Lebensleistung gezwungen worden, sich selbst zu befragen. Sie waren sich ihrer selbst ungewiß und andererseits bereit, „frei" zu reden. Es war die Zeit der Nonkanons, der Nichtmythen. Die „Lebenslügen", Klischees, der einfache und auch für mich häufig verständliche, doch nicht akzeptierbare Selbstschutzmechanismus, daß man betrogen vom Osten oder Westen worden sei, je nachdem – dies alles wurde erst später populär. Die Leute wollten reden, ich nutzte die Gelegenheit. Sie hatten ein außergewöhnliches Redebedürfnis, vielleicht auch da kaum jemand ihren Anteil an der friedlichen Revolution beachtet hatte. Ohne das passive Verhalten, die Verweigerungshaltung der SED-Eliten wäre dies nicht möglich gewesen. Auch das war längere Zeit nicht ohne Risiko, da bis zum siebenten Oktober 1989 nicht klar war, wie sich die auf DDR-Boden stationierten sowjetischen Truppen verhalten würden.[28]

---

[28] Auf DDR-Territorium befand sich deutlich mehr sowjetisches Militär als ostdeutsches. Gorbatschow äußerte sich am Rande der Feierlichkeiten zum Jahrestag

Zur Form: Ich besaß kein transportables Tonbandgerät. Außerdem ging ich davon aus, daß viele Leute diesem Gerät mißtrauen würden, da sie stimmlich identifizierbar geworden wären. Ich entschloß mich daher, während der Gespräche mitzuschreiben und bei einem zweiten Treffen, dem Interviewpartner den ausformulierten Text vorzulegen. So ist es auch geschehen.

Damit die Lebensläufe vergleichbar werden, hatte ich mir eine kleine Fragenliste erarbeitet. Ich hielt dies für angebracht, Fragen zu stellen, die auf das Wesentlichste, die inneren Beweggründe zielten, auf Motive, weniger auf äußere Ereignisse. Die Ergebnisse der Interviews waren sehr unterschiedlich und auch für mich überraschend.

Die Personen: Zu jener Zeit lebten sie alle im Raum Berlin und waren mir irgendwie bekannt geworden. Es waren Leute in der Nachbarschaft, ein ehemaliger Lehrer von mir, keine Leute, deren Lebenslauf ich zuvor wirklich kannte, Zufallsbekanntschaften. Dazu ist noch folgendes zu erzählen. Anfang 1990 oder Ende 1989 war ich auf Arbeitssuche nach Studienende für drei Tage Reporter der grün-alternativen Tageszeitung „taz". Es kam allerdings zu keinen gedruckten Artikeln. Ich entsprach nicht dem Stil der „taz" und wollte auch von selbst nicht der oben beschriebenen, wenn auch gemäßigteren Klischeebildung dienen. Dabei hatte ich allerdings Personen, auch den höheren Offizier der Staatssicherheit, kennengelernt, mit denen ich mich – ursprünglich für einen Zeitungsartikel - länger unterhalten hatte und dann erneut traf für dieses Projekt. Vielleicht ist daher dem Scheitern meiner „taz"-Mitarbeit dieses Projekt zu danken.

Ich hatte auch einmal vor, die Leute nach einem Abstand von zehn Jahren wieder aufzusuchen und die Interviews mit denselben Fragen erneut zu führen. Dies scheint mir inzwischen unmöglich. Durch die Veränderungen im Osten sind die Leute weggezogen, habe ich sie aus den Augen verloren, auch dadurch, daß ich dann selbst drei Jahre in Asien lebte. Von wenigstens zwei Interviewpartnern weiß ich, daß sie nicht mehr am Leben sind. So müssen die ersten Aussagen für sich stehen.

Natürlich hatte ich nie vor, mit diesem Projekt Leute zu denunzieren. Die Vornamen sind daher verändert worden. Bei den meisten Interviewpartnern

---

der DDR am 7. Oktober 1989 und suggerierte, dass die sowjetischen Truppen bei Unruhen in der DDR nicht intervenieren würden.

erinnere ich mich nicht mehr an die richtigen Namen. Interessanterweise gab es übrigens dennoch viel Angst, daß sie wiedererkannt werden könnten, vielleicht eine DDR- oder Wendeparanoia. Das fand ich übrigens nie. Ich fand die Lebensläufe von eigentlich allen schon damals verwechsel- oder austauschbar.

Die gleichmäßige Form in der Niederschrift habe ich bewußt gewählt. Dies ähnelte nach meiner Auffassung den nüchternen Berichten von Lebensläufen vor Parteiinstitutionen. Dies wollte ich – unter nun korrigierten Inhalten – beibehalten. Die Menschen entschieden sich nach meiner Meinung für die DDR, irgendwann in ihrem Leben rational, wie sie glaubten. Ich wollte, daß sie ebenso prägende Ereignisse erzählen, Wendepunkte benennen... Dabei konnten keine logischen Lebensläufe entstehen. Gerade das Widersprüchliche an den Erklärungen hatte mich ja gereizt. Die Texte haben so den Charakter von Fragmenten.

Da ich mich als ebenso „Gefangener" meiner Zeit sah, was keine Allroundentschuldigung darstellen soll, habe ich meinen Parteiaufnahmeantrag, formuliert als 18jähriger, beigefügt.

Zum Versuch der Publikation. Ich wurde 1990 sechsundzwanzig. Da ich zu Ehrlichkeit, auch mir selbst gegenüber, erzogen worden war, übertrug ich diese Annahme auch auf Institutionen. Ich meinte, die richtige Stelle zur Veröffentlichung eines solchen Projektes könnte der ehemalige SED-Verlag „Dietz" sein, denn die sollten sich mit ihrer eigenen Geschichte beschäftigen. Der Verlag war auch zunächst sehr interessiert. Es kam zu mehreren Gesprächen im Lektorat. Nach Einreichung der Texte in der vorliegenden Form erhielt ich allerdings ein sehr freundlich formuliertes Ablehnungsschreiben, es sei alles zu „langweilig". In einem noch nachfolgenden Gespräch hatte mir dann die eigentlich für mich zuständige Mitarbeiterin gesagt, daß die Hauptüberlegung im Haus gewesen sei, wie es denn in der Öffentlichkeit ankommen würde, wenn ausgerechnet der Dietz-Verlag jetzt ein solches Erinnerungsbuch herausbringen würde. Sie könnten doch nicht mit sich selbst ins Gericht gehen! Das würde auf jeden Fall aber negativ gewertet werden.

Ich war enttäuscht und bot es noch einem größeren und seriösen Verlag im Westen an, der wohl aber nicht einmal das Manuskript gelesen hatte und es mir mit einem Standardschreiben zurückschickte. Inzwischen dominierten die genannten simplen Schuldzuweisungen. Ich wollte nicht, dass die Texte funktionalisiert werden. Dies hatte ich auch den Interviewpartnern zuvor zugesichert. Ich unternahm keine weiteren Veröffentlichungsversuche.

Vielleicht ist irgendwann die Zeit, daß diese „langweiligen" Texte meine Schublade verlassen.

Die Fragen [29]

1. Wie sind Sie zur SED/ Staatssicherheit gekommen? Es interessiert mehr der innere als der äußere Vorgang.
2. Wie verlief Ihr Weg dort? Wann bekamen Sie Zweifel?
3. Wie lange fühlten Sie sich gebraucht/ missbraucht?
4. Wie standen/ stehen Sie heute zum 17. Juni und Mauerbau?
5. Wie beurteilen Sie die derzeitigen Vorgänge im Land (Zeit der „Wende")?
6. Was hätte Ihrer Meinung nach wann unbedingt verändert werden müssen? Wäre der Sozialismus zu retten gewesen?
7. Sind für die die Begriffe Sozialismus/ Kapitalismus noch tauglich?
8. Sehen Sie sich als Mitläufer?
9. Fühlen Sie sich schuldig?
10. Wo ist Ihr heutiger politischer Platz? Was erwarten Sie persönlich von der Zukunft?

---

[29] Heute mögen die Fragen als eine Vorgabe des Inhalts erscheinen. Womöglich lenkten sie die Gespräche in eine selbstkritische Richtung. Andererseits verhielten die Befragten sich auch nicht ablehnend. Ich wollte von Anfang an nur zehn Personen befragen. Ich sprach auch nur zehn Personen an, erhielt also nicht eine einzige Ablehnung. Es kann nur noch einmal betont werden, dass es diese Zwischenzeit war, in der die Leute bereit waren über sich selbst – anonym – bereitwillig Auskunft zu geben.

Die Dolmetscherin

Anett H., vierundzwanzig, Diplomsprachmittlerin, verheiratet, ein Kind. In der SED seit 1987, Austritt im Februar 1990, keine Parteifunktionen.

Das Gespräch wurde im März 1990 geführt.

Ich komme aus Dresden, bin dort geboren und aufgewachsen. In meiner Erinnerung gibt es nur die SED – vor allem durch meine Eltern und vielleicht auch dadurch bedingt, dass wir nie Westfernsehen anschauen konnten. Mein Vater ist ein alter Genosse. Meine Mutter war hingegen nicht in der Partei. Sie ist ein eher zurückhaltender Charakter, so ein typisches Beispiel für ein althergebrachtes, altbackenes Frauenbild. Sie arbeitete auch nur halbtags und ist nicht so eine Persönlichkeit, die sich engagiert. Mein Vater ist Ökonom und Hochschullehrer. Politisch musste er stets Stellung vor seinen Studenten beziehen. Bei uns zu Hause wurde immer viel über Politik geredet. Wohl dadurch fand auch ich den Sozialismus immer richtig und notwendig. Damit meine ich die Ziele des Sozialismus und die Ziele der Partei. Wenn man dies alles richtig findet, dachte ich, muss man sich überlegen, ob man nun aktiv mitmachen will oder nicht. Mein Vater hatte mir bei der Entscheidung auch sehr zugeredet, da ich einen Beruf ergriffen habe, der mit Politik in der DDR zu tun hat.[30] Wenn man etwas verändern will, muss man einer von denen in der SED sein, muss man dabei sein. Dennoch gab es von Anfang an Dinge, die für mich nicht die Vollendung waren. Diese überwogen aber nicht in meinem Bewusstsein. Es war im zweiten Studienjahr, als ich bemerkte, dass die Genossen in der Seminargruppe mehr Informationen erhielten und über mehr Verbindungen verfügten als andere. So wurde ich in dieser Zeit Kandidatin der Partei. Mich hat nie jemand dafür geworben.[31] Das hätte mich sicherlich auch davon abgebracht, Mitglied werden zu wollen. Ich bin von allein eingetreten, weil ich beteiligter sein wollte an dem, was in unserem Land geschah, weil ich verändern wollte, das „Wie zum Sozialismus"

---

[30] In der Dolmetscher- und Übersetzerausbildung der DDR, die ein begehrtes Hochschulstudium war, wurde darauf Wert gelegt, dass dies ein gesellschaftswissenschaftliches Fach war und damit politisch.

[31] Es war häufig so, dass leistungsorientierte Personen gezielt aufgefordert wurden, in die SED einzutreten.

beeinflussen wollte. Ich hatte gehofft, dass auch durch mich, durch meine Mitarbeit die Parteipolitik lebensnaher wird und es tatsächlich für mich Freiräume gibt für eigene Entscheidungen, dass nicht immer alles von oben geregelt werden muss.

Mein Anfang in der Partei war im Prinzip schon der Anfang vom Ende, von heute aus gesehen. Es erscheint mir heute als typisch für das, was ich in der Folgezeit in der SED erlebte. Die Abteilungsparteiorganisation, in der ich mich vorstellen musste, schockierte mich total. Keiner wollte von mir wissen, warum ich als Kandidatin eingetreten war. Keiner hat geprüft, ob ich würdig sei. Die Professoren, die auch in der SED waren, haben in ihren Unterlagen gewühlt. Eine Enttäuschung für mich! Ich hatte die Illusion gehegt, dass alle, die in der Partei sind, auch dahinter stehen würden. Viele waren wohl wirklich nur Mitläufer und Karrieristen. Es gab aber auch die engagierten Leute, die versucht haben, das Gute an der Sache zu sehen und die Politik der SED ehrlich zu vertreten. Das waren welche, die in den Diskussionen mit Nichtgenossen die Reisebeschränkungen verteidigt haben[32], weil man unsere Leute sonst im Westen abwerben würde und wir nun einmal wirklich nicht Westgeld für alle zum Reisen in die BRD zur Verfügung hätten.[33] Solche Genossen hatten mich auf ihrer Seite.

Die Atmosphäre in der Partei an meiner Universität empfand ich als furchtbar stickig. Ich habe immer mehr gemerkt, dass dort eigentlich immer nur Theater gespielt wurde in den Versammlungen. Es ging auch in den Diskussionen sehr dogmatisch zu, dogmatischer als ich es später im Betrieb kennenlernte. Die ehrlichen Genossen haben sich an der Universität in den Diskussionen immer sehr zurückgehalten. Sie hielten es nach einiger Zeit in der Partei für

---

[32] Nach dem Bau von Grenzanlagen war der Besuch Westberlins oder Westdeutschland nur für Rentner aus der DDR erlaubt (ab 1964). Seit 1972 konnten Ostdeutsche in dringenden Familienangelegenheiten reisen, seit 1982 in steigender Anzahl. Dennoch blieb eine Westreise nur wenigen vorbehalten, die noch nicht das Rentenalter erreicht hatten. Für Westdeutsche war es immer möglich in den Osten zu reisen, zunächst mit vielen Schwierigkeiten verbunden, ab 1972 zunehmend unbürokratischer. Der Grund ist sicherlich darin zu sehen, dass die DDR auf die Einnahmen aus dem Reiseverkehr in die DDR angewiesen war.

[33] Der in der DDR offiziell betriebene Umtauschkurs zwischen D-Mark und DDR-Mark betrug 1:1. Dies entsprach aber nicht den realen Erfahrungen von DDR Bürgern im Westen, die teilweise DDR-Mark in D-Mark in einem Kurs von 10:1 eintauschen mussten. Damit bestand ein reales finanzielles Problem, Reisen in den Westen betreffend, abgesehen von der rechtlich verwehrten Möglichkeit.

wichtiger sich auf das Studium zu konzentrieren und auf die Zeit nach dem Studium zu hoffen, wo man glaubte, sich tatsächlich endlich bewähren zu können, weil dort die alltäglichen Sachfragen nicht solch ein Phrasendreschen erlauben würden.[34]

In meiner Zeit an der Uni gab es auch einen sogenannten „Fall". Ein guter Freund von mir hatte sich gegen das Verbot der sowjetischen Zeitschrift „Sputnik"[35] in der DDR aufgelehnt und deswegen im Alleingang einen Brief an die Parteiführung in Berlin geschrieben. Die an der Uni haben ihn dann zu einem Präzedenzfall machen wollen und ihn heftig in die Mangel genommen und runtergemacht. Es hat mir aber Mut gemacht, dass er nicht ausgetreten ist. Ich fühlte mich mit den Leuten verbunden, die auf eine Wende in der Partei hofften, dass es demokratischer werden würde. Wir hielten diese Veränderungen nur von oben beginnend für möglich und durchführbar, dass dort die positiven Kräfte gewinnen würden. Es gab keine erkennbare Alternative dazu.

Schon sehr bald nach meinem Eintritt, ganz entscheidend aber auch durch Gorbi wurde für mich immer klarer, dass die SED sich ändern muss, kaum demokratisch war. Meine Zweifel wuchsen. Ich fragte mich auch, warum diese Partei so viele Mitglieder haben will, warum ständig Leute dafür angeworben wurden.[36] Um die aktiven Leute zu kritisieren, sie in ihrem Aktionsradius einzuschränken, als Kontroll- und Lenkungsorgan? 1988 war ich drei Monate in England im Rahmen meines Studiums. Als ich zurückkehrte, gab es in der DDR die Sache mit den Kommunalwahlen.[37] Es wurde für viele offensichtlich, dass diese manipuliert gewesen sein müssen.

---

[34] Das "Dreschen von Phrasen" war eine Formulierung in der Sprache der DDR, die es ablehnte, endlos politische Formeln/ Losungen zu wiederholen, deren Inhalt sehr allgemein war. Beispiele dafür: „Mein Arbeitsplatz, mein Kampfplatz für den Frieden", „Meine Hand für mein Produkt", „Wie wir heute arbeiten, so werden wir morgen leben".

[35] Die sowjetische Zeitschrift „Sputnik" wurde 1988 verboten.

[36] In den achtziger Jahren erfolgte eine intensive Anwerbung von Kandidaten der SED in der Annahme, damit langfristig die Durchsetzung der Parteiideologie zu gewährleisten.

[37] Am 7. März 1989 fanden in der DDR Kommunalwahlen statt. Dem von Egon Krenz bekanntgegebenen Wahlergebnis zufolge haben 98,85 Prozent der abgegebenen Stimmen für die Wahlvorschläge votiert. Dieses Ergebnis verstärkte den Eindruck einer manipulierten Wahl, welche von der Bevölkerung auch öffentlich schon im Vorfeld als erwartetes Vorgehen der SED geäußert worden war.

Und dennoch: Mir war nie klar, ob die Obersten eigentlich wissen, wie es um das Land steht. Mir war bewusst, dass die eines Tages die Führung aus der Hand geben müssen und dass die Wirtschaft, so wie sie lief, gegen den Baum fahren müsste. Solche Wirtschaftseinsichten hatte ich auch durch meinen Vater, dass zum Beispiel Entscheidungen, die den Handel betrafen von Einzelpersonen getroffen wurden, gegen den Willen von Fachleuten. Ebenso waren die gravierenden Mängel im Gesundheitswesen für mich Ausdruck der Wirtschaftslage.[38] Mein Englandaufenthalt hatte mir mehrere Erkenntnisse gebracht.[39] Einmal, dass ich zu den wenigen Privilegierten im Land gehörte, die in den Westen reisen durften, zum anderen habe ich in England erlebt, dass die Leute sich politisch frei artikulieren konnten. Dass man bei uns nicht an alle Literatur herankam, fand ich ziemlich unerträglich, weil es Bevormundung war, Nichtachtung der Menschen, der Studenten. Mit der Hoffnung beizutragen dies zu ändern, war ich in die SED eingetreten. Die Studenten in England haben sich für ganz kleine Dinge engagiert. Am Anfang belächelte ich dies, weil es mir zu klein erschien. Die haben zum Beispiel eine Aufklärungsveranstaltung zum Leben mit Ausländern ganz groß aufgezogen oder sich gegen Militärforschung auf dem Unigelände eingesetzt, gegen die Verurteilung der Homosexualität, gegen Thatcher. Es gab Demos von fünfzehn Leuten über den Uni-Hof. Ich dachte, das müssten hunderttausend sein. Dann habe ich schließlich begriffen, dass dies Teil ihrer Selbstverwirklichung war. In England wurde der siebenundzwanzigste KPdSU-Parteitag[40] mit Euphorie behandelt. In der DDR war das, als wir zurückkamen, schon Geschichte. Unsere Freunde in der DDR haben uns sogar verlacht, weil die Realität in unserem Land die Euphorie über jenen Parteitag schon wieder ad acta gelegt hatte.

---

[38] Während in Berlin die Lage grundsätzlich entspannter war, gab es in einzelnen Bezirken der DDR Probleme, die auf die prekäre Wirtschaftssituation der DDR zurückzuführen waren. So galt für Dresden Mitte der achtziger Jahre, dass bspw. „75 % der beweglichen Ausrüstung verschlissen sind und dringend ersetzt werden müssten". Quelle: Städtisches Krankenhaus Dresden-Neustadt, Geschichte. http://www.khdn.de/1980-1990,40.php. Letzter Zugriff 22.10.2013.

[39] Ausgewählte Studenten des Sprachmittlerstudienganges in Leipzig erhielten diese Möglichkeit ab Mitte der achtziger Jahre zu einem dreimonatigen Studienaufenthalt in England/ Schottland.

[40] 1986, Gorbatschow kündigte die Reform des Sozialismus in der Sowjetunion an.

Ich wurde schwanger. Ich habe ein halbes Jahr ausgesetzt und aus Frustration mich um Parteidinge nicht mehr viel gekümmert. Darüber unterhielt ich mich nur noch intensiv mit Freunden. Ich bin auch nicht mehr zu den Versammlungen gegangen, nicht mehr zum bloßen Zeitabsitzen. Irgendwann würde diese Regierung vorbei sein.[41] Im Freundeskreis war uns klar, auch wenn dieses Wunder mit dem Regierungswechsel noch recht lange dauern sollte, der Sinn des Lebens besteht nicht nur in der Politik, sondern vielleicht viel mehr im Beruf, in der Familie. Es existierte ja das Gerücht, dass Honecker abtreten oder sterben würde.[42] Wir glaubten, dass dann etwas Neues à la Gorbi kommt, dass man dann wieder Luft zum Atmen hätte. Es gibt in der Bibel wohl so einen Vers, dass man das verändern soll, was man kann und was nicht zu verändern geht, das nicht und dass man beides voneinander trennen muss.[43]

Ganz kleine Dinge glaubte ich auch verändern zu können, dass wir zum Beispiel einen freien Tag für das Schreiben der Diplomarbeit am Ende des Studiums erhielten.[44] Aber das waren, wenn man so will, berufliche Dinge, keine politischen. Oder bei der Kaderauswahl für das Auslandsteilstudium, weil dort das Parteibuch oft mehr zählte als die Leistungen in den Studienfächern. Wir, ich war da nicht alleine in der Parteigruppe der Studenten, hatten versucht zu erreichen, dass jeder vorgeschlagen wird. Die Parteileitung entgegnete, dass sie sich schon viele Jahre darum kümmern würde und eine andere Lösung nicht möglich sei. Man stieß immer wieder auf Grenzen.

---

[41] 1986 betrug das Durchschnittsalter des Politbüros der SED vierundsechzig Jahre, sieben Mitglieder waren älter als siebzig.

[42] Allein an der sich verändernden und immer greisenhafter werdenden Rhetorik war abzulesen, dass Honeckers Gesundheitszustand nicht gut war. Dies traf ebenso auf andere Politbüromitglieder zu. Im Juli 1989 wurde ein Krankenhausaufenthalt Honeckers bekanntgegeben.

[43] Bezieht sich vermutlich auf die Formulierung: „Gott, gib mir die Gelassenheit, die Dinge hinzunehmen, die ich nicht ändern kann, den Mut, Dinge zu ändern, die ich ändern kann und die Weisheit, das eine vom anderen zu unterscheiden." Die genaue Herkunft ist nicht nachzuvollziehen, jedoch war dieses Gebet/ diese Äußerung in der DDR bekannt und populär.

[44] Anders als im Westen war ein Studium in der DDR verschult durchorganisiert. Häufig ließen die Studienpläne keine Freiräume, selbst nicht zum Verfassen einer Diplom-Arbeit, die in einem kurzen Zeitraum (oft in drei Monaten) zu erstellen war und im Umfang einer heutigen Magister-Arbeit entsprach.

Ich habe begonnen anzunehmen, dass vor allem die Führungsriege so verbrecherisch handelt. Doch haben die Genossen, die gut waren, mich noch in der Partei gehalten, weil ich glaubte, dass dann einmal Leute da sein würden, die etwas können.

Zu Beginn der Ausreisewelle habe ich erst gedacht, dass da viele dabei wären, die echte Demokratie wollen. In den Interviews hat man dann aber gemerkt, dass auch Leute darunter waren, die ihre Motive gar nicht artikulieren konnten. Die Führung hätte sofort reagieren müssen, auch wenn die Massenausreise sicherlich durch Manipulation vom Westen gefördert wurde.[45] Aber erst die Zustände im Land brachten die Menschen dazu, dass sie heraus wollten. Ich hatte damals allerdings auch nicht daran geglaubt, dass die Führung ins Wanken kommen könnte. Sie hätte reagieren, wenigstens Stellung nehmen müssen, wie auch immer, und nicht so tun dürfen, als wären das alles Entführte oder Kriminelle.[46]

Als die großen Demos begannen, war die Situation für mich schwierig. Ich hatte mein Studium nun beendet, hatte neu in einem Betrieb angefangen und mich dort in der Parteigruppe gemeldet. Nach den Feiern zum Jahrestag am siebenten Oktober[47] gab es für mich keinen Zweifel mehr, dass man bei den Demos sogar mitmachen müsste. Durch meinen Beruf mit ungeregelter Arbeitszeit und wegen meines Kindes kam ich nicht dazu.

Dann hieß der Staatschef Krenz. Zuerst war ich enttäuscht, dass er es geworden war. Doch das war mehr emotional. Ich wusste zu wenig von ihm. Ich wollte ihm dann erst eine Chance geben, bis er sich dann herauszureden versuchte, was die Wahlen anging. Mir wurde klar, dass er unaufrichtig ist. Ich habe aber politisch nichts mehr unternommen, weil ich durch meine Arbeit anders als andere in der DDR kein so richtiges Arbeitskollektiv mehr hatte. Wir mussten uns nur immer mal im Betrieb melden. Ich hatte

---

[45] Diese Förderung bestand de facto schon allein darin, dass ein DDR-Bürger automatisch die bundesdeutsche Staatsbürgerschaft erhielt, da die DDR von der Bundesrepublik Deutschland niemals als Staat anerkannt worden war. Ein Ostdeutscher war praktisch ein gebürtiger Bundesdeutscher.

[46] Das Neue Deutschland druckte am 21. September 1989 einen vermeintlichen Entführungsbericht eines Mitropa-Kellners, der mit Hilfe einer Metholzigarette betäubt gewesen sein sollte ab. Titel: „Ich habe erlebt, wie BRD-Bürger ‚gemacht' werden."

[47] Nationalfeiertag der DDR, gemeint ist hier der pompöse Festakt 1989, während die Straßen voll von Demonstranten waren.

deswegen, weil ich nichts mehr unternahm, sogar ein schlechtes Gewissen, doch die letzte Initiative, der endgültige Anstoß, hat gefehlt.

Mit der Öffnung der Mauer wurde deutlich, dass die Leute vom Westen euphorisiert waren. Da wurde mir klar, dass die Intellektuellen, die Künstler nicht mehr solch ein Gehör fanden.[48] Die Jagd nach dem Ideal BRD startete. Dazu kam, dass ich in Dresden war und dort verschärfte Angriffe gegen die SED-PDS erlebte. Die immer noch nicht gestoppte Ausreisewelle zeigte mir auch, dass der Sozialismus in Gefahr war. Ich bin aber immer noch nicht aus der Partei ausgetreten, weil ich noch dachte, dass der Sozialismus die bessere Gesellschaftsordnung ist, auch wenn für mich die große Frage des Wie bestand und besteht. Jetzt wollte ich etwas unternehmen. Anfang Januar habe ich mir Leute gesucht, die meiner Meinung waren in politischen Dingen, Genossen aus der Umgebung. Mein Mann denkt in vielem anders. Er glaubt, dass ein Sozialismus mit gesellschaftlichem Eigentum an Produktionsmitteln nicht geht. Ich fühle mich jetzt aber in der Verantwortung, da ich inzwischen schon länger in der Partei war und recht inaktiv. Er hat das mehr von außen gesehen, sich daher nicht so engagiert.[49]

Von einigen neuen Leuten an der Parteispitze nach Krenz war ich sehr beeindruckt, dass Gysi in der Partei ist, weil er als so ein starker Kritiker der Partei an die Öffentlichkeit getreten war.[50] Ich habe mir Mitstreiter im Kreisverband gesucht. Die Persönlichkeiten, die jetzt an der Spitze standen,

---

[48] Anspielung auf die sogenannte Künstlerdemo ab 4. November 1989 auf dem Alexanderplatz, die zum ersten Mal deutliche politische Gruppierungen innerhalb der Opposition zeigte. Die Künstler verstanden sich in der eingeschränkten Öffentlichkeit der DDR als Sprecher des Volkes. Vgl. Bernd Wittek: Literaturstreit um Christa Wolf in Zeitungen und Zeitschriften von 1990 bis 1992. Marburg 1997.

[49] Mir ist der weitere Lebensweg der „Dolmetscherin" nicht bekannt. Nicht untypisch war, dass viele Partnerschaften in der unmittelbaren Nachwendezeit zerbrachen. Gründe mögen die besonders hohe emotionale Belastung der Ostdeutschen in der Wendesituation gewesen sein, aber auch, dass in der Partnerschaft jetzt kontrovers diskutiert wurde, was zuvor kaum einen Anlass für Streits hergab, da sich ohnehin wenig ändern ließ. Die allgemein hohe Politisierung der Ostdeutschen wurde durch den Mauerfall in das Private hineingetrieben. Dass sich dies statistisch nicht nachweisen lässt, mag daran liegen, dass eine Scheidung in der DDR keine hohen Kosten verursacht hatte, Scheidungen daher in der DDR schneller beantragt wurden.

[50] Gregor Gysi trat vor allem am 3. Dezember 1989 sehr kritisch gegenüber dem Zentralkomitee auf und wurde so zum Sprecher der frustrierten Parteibasis.

wollten etwas für die Veränderung tun. Es enttäuschte mich aber, dass die Partei sich so lange nicht von dem Namen SED trennen konnte, dass immer mehr Dinge ans Licht kamen, die Stasi nicht aufgelöst wurde.[51]

Ich wollte zunächst im Wahlkampf mitmachen, weil ich die Idee des Sozialismus mit hinüberretten wollte. Ich fand, dass jetzt endlich Zeit sei, das zu machen, was wirklich Sozialismus sein kann. Ich wusste jetzt, dass das Andere Stalinismus war. Man hatte sich wohl immer noch etwas vorgemacht. Sozialismus hieß für mich gesellschaftliches Eigentum an Produktionsmitteln, das wohl das Entscheidende ist. Soziale Sicherheit für alle ist der entscheidende Vorteil zum Kapitalismus, den ich erlebt habe. Ich verteidigte den Sozialismus, weil man einen Arbeitsplatz besaß.[52] Dann war es eine Gesellschaftsordnung, die sich für Frieden und Abrüstung einsetzte, zum Beispiel das Treffen Gorbatschow-Bush.[53] Es war wohl so, dass die Sowjetunion viele Initiativen zur Abrüstung einbrachte. Der Frieden hat gewiss bei uns viel mehr in den Köpfen gesteckt als bei den Leuten drüben, dass kein Krieg mehr ausbrechen darf.[54] Und es gab viel weniger Kriminalität

---

[51] Die Namensdebatte verlief so, dass nur ein Kompromiss durchsetzbar war SED-PDS. Hintergrund war, dass ein Teil der ehemaligen SED-Mitglieder, die es „ehrlich meinten", die Meinung vertraten, dass man sich durch eine Umbenennung nicht der Verantwortung entziehen dürfe. Das in der DDR-Bevölkerung sehr negativ gesehene Ministerium für Staatssicherheit wurde am 17. November 1989 in Amt für Nationale Sicherheit umbenannt und die Behörde umgestaltet, aber nicht völlig aufgelöst.

[52] In der Abgrenzung zur Bundesrepublik wurde in den DDR-Medien stets die Arbeitslosenstatistik in der Bundesrepublik abgedruckt. 1989 waren in der Bundesrepublik etwa 2 Millionen Menschen arbeitslos. Dies erzeugte Besorgnis im Osten.

[53] Am 3. Dezember 1989 trafen sich der Staatschef der Sowjetunion und der US-Präsident auf See vor Malta. Dem voraus ging ein Treffen zwischen Michail Gorbatschow und Ronald Reagan am 11. März 1985. Dies bedeutete einen tatsächlichen Wendepunkt im Kalten Krieg. Es war möglich geworden durch den neuen Politikstil Gorbatschows, der eine Öffnung gegenüber dem Westen darstellte.

[54] Der rationale Bezug dieser Aussage kann in der allgemeinen Militarisierung des Alltags in der DDR gesehen werden als Folge des Wettrüstens und des Nato-Doppelbeschlusses 1979. Die Dolmetscherin gehört zu dem ersten Schuljahrgang in der DDR, der in höheren Klassenstufen im „Wehrkundeunterricht" das Verhalten nach einem Atomschlag übte. Zudem wurde teilweise der Autobahnbau in der DDR für den Bunkerbau eingestellt. Insofern war die Thematik den Ostdeutschen tatsächlich sehr nahe.

als Frieden im kleineren Sinn.[55] Die Wirtschaft war aber das Problem für mich. Immer mehr hat sich für mich die Frage gestellt, funktioniert das überhaupt, gesellschaftliches Eigentum an Produktionsmitteln und hoher Entwicklungsstand. Der Sozialismus wird in seiner wirtschaftlichen Leistungsfähigkeit nicht den Kapitalismus erreichen. Aber er hat Vorzüge. Diese Fragestellung steht für mich nicht erst seit der Maueröffnung. Ich habe nur keine Antwort darauf gefunden, auch nicht durch Gespräche mit kompetenteren Leuten wie meinem Vater.

Ich bin nach wie vor der Meinung, dass der Sozialismus ein erstrebenswertes Ziel ist, dass er Wirklichkeit werden kann. Ich glaube, ich hoffe, dass es eine Gesellschaft geben kann, die funktioniert, in der die Mehrheit des Eigentums gesellschaftliches Eigentum ist und privates mitbestehen kann. Entscheidend dafür, dass ich dann aber doch aus der Partei ausgetreten bin, war, dass der Optimismus, dass man in dieser Partei etwas verändern kann, zerstört wurde dadurch, dass die im Kreisvorstand immer noch im alten Denken verharrten, so dogmatisch blieben. Der große Schreck für mich war, dass so viele Alte dabei waren, so ganz wenig junge Leute und die Pfiffe in der Partei gegen Andersdenkende. Ich habe geglaubt, dass die neue Parteispitze echte Veränderungen wollte, dass es aber mit dem trägen Apparat nicht möglich sein würde, da es noch zu viele von der alten Funktionärsclique geben könnte. An der Basis und an der Spitze gab es viele, die die Partei ändern wollten. Der Apparat erschien mir jedoch unüberwindlich.

Bei einer Gelegenheit unterhielt ich mich mit mehreren Ökonomiedozenten. Keiner konnte mir eine Antwort geben auf meine Frage, ob der Sozialismus funktionieren könnte, ob ein Großteil an gesellschaftlichen Produktionsmitteln nicht von Nachteil wäre, weil die Leistungsfähigkeit dann nicht voll gegeben wäre. Dazu die Enttäuschung über den Kreisvorstand und die nun bei mir einsetzende Überzeugung, dass es nicht geht, jedenfalls nicht mit dieser Partei. Ich bin ausgetreten, habe mein Parteibuch kommentarlos zum Betrieb gebracht.

Die Hoffnung, dass oben Genanntes doch möglich sein könnte, habe ich noch nicht aufgegeben. Wichtig ist die Überlegung für mich, dass jetzt erst eine Phase kommen muss, in der die Wirtschaft auf eine gewisse Höhe kommt,

---

[55] Ob die Kriminalitätsrate in der DDR tatsächlich niedriger war, ist umstritten. Dadurch, dass die Polizei wesentlich seltener Alarmfahrten durchführte, entstand der Eindruck einer ereignisloseren Gesellschaft, was Straftaten betraf.

eine hohe Effektivität durch den Kapitalismus geschaffen wird, um dann soziale Dinge abzuwerfen zum Nutzen aller. In der Zukunft, wenn der Kapitalismus vielleicht soziale Sicherheit für die Bürger garantiert, was unterscheidet ihn dann vom Sozialismus, vorausgesetzt, er ist dazu bereit? Man spricht vom schwedischen Sozialismusmodell. Ist das nun Sozialismus oder nicht?

Ich bin immer noch für die PDS, weil die Parteispitze fähig zu sein scheint. Politische Haltungen hängen immer auch mit Persönlichkeiten zusammen, die beeindrucken. Solche Persönlichkeiten gibt es meiner Meinung nach zurzeit nur in dieser Partei. Ich überlege auch, ob ich mich jetzt für politische Dinge wieder einsetze, irgendetwas zu tun auf politischem Gebiet, vielleicht im unabhängigen Frauenverband.[56]

Ich habe schon Schuldgefühle, weil ich mich habe missbrauchen lassen für die Partei, auch wenn es nur für statistische Rechtfertigungen war, weil ich nicht den Mut und die Kraft hatte gegen das, was mir in der Partei missfallen hatte, aufzutreten. Die Partei hätte damals in die Betriebe gehen müssen, an der Uni in die Mensa. Dann wären den Mitgliedern sicher Zweifel gekommen. Man hätte sich nach dem Beispiel Gorbatschows wenigstens zu einer Demokratisierung wie in der Sowjetunion hinreißen lassen können, zu einer Revolution von oben. Es gab am Anfang der siebziger Jahre eine andere Wirtschaftsstrategie in der SED, die mehr auf Leistung ging. Der Sozialismus hätte womöglich damals eine Chance gehabt. Es wird wohl jetzt auf die schnelle Einheit hinauslaufen, die DDR könnte vielleicht sogar in der NATO sein. Ehemalige Verbündete würden fallen gelassen werden.

Ich befürchte, dass hier eine ganz harte Marktwirtschaft aufgebaut wird, verbunden mit Arbeitslosigkeit. Viele Leute in der DDR werden ihre Illusionen verlieren. Die Dinge, die früher als Errungenschaften des Sozialismus bezeichnet wurden, werden untergehen. Das System der Kindergärten/Krippen wird reduziert sein. Die Emanzipation der Frau wird sich rückläufig entwickeln. Ich empfinde dies als einen großen Nachteil.

---

[56] Der Unabhängige Frauenverband wurde am 3. Dezember 1989 gegründet. Er beabsichtigte, sich von dem SED-nahen Demokratischen Frauenbund (DFB) abzugrenzen. Nach der Wiedervereinigung verlor der Verband an Bedeutung und löste sich 1998 auf.

Der Lehrmeister

Frank S., 30 Jahre alt, Werkzeugmacher, Lehrmeister, geschieden, ein Kind, in der SED seit 1975, Parteigruppenorganisator, Abteilungsparteileitungsmitglied[57], Kreisparteileitungsmitglied (einer von etwa zweitausend), in der Zeit von 1985 bis 1988 sollte er mehrmals hauptamtliche Funktionen übernehmen, lehnte dies jedoch ab. Austritt aus der SED im Januar 1990.

Das Gespräch wurde im Januar 1990 geführt.

Ich wurde als Lehrling in die SED aufgenommen, freiwillig ohne Zwang. Meine Eltern hatte ich vor vollendete Tatsachen gestellt. Sie reagierten ganz unterschiedlich darauf. Mein Vater, von Beruf Polizist, selbst Parteimitglied, war glücklich. Meine Mutter nicht. Sie hatte etwas dagegen, sich politisch festzulegen. Das hing wohl mit meinem Großvater zusammen, ihrem Vater. Der hatte kriegsgefangenen Russen und Franzosen zu essen gegeben. Er hat das aus Menschlichkeit getan, nicht aus politischer Absicht. Er war ein eher politisch neutraler Humanist. Mutter war wie er. Und mein Vater, der Polizist, ist vom Dienst abhängig gewesen, hatte bei Befehlen immer Zeit zu haben. Darunter litt natürlich die Familie.

Im Freundeskreis meiner Eltern befanden sich fast nur SED-Mitglieder Die drängten seinerzeit auch Mutter einzutreten. Doch sie sah wohl, das sage ich heute im Nachhinein, dass die Parteileute im Freundeskreis anders redeten als sonst. Parteimitgliedschaft hieß für meine Mutter politische Abhängigkeit in der Meinungsbildung. Vater musste oft zu Lehrgängen. Die Partei, die Funktionen hatten ihr den Mann geraubt. Es war immer so, als käme Vater nur auf Besuch nach Hause, so wie bei Leuten auf Montage. Mutter konnte deshalb nicht verstehen, weshalb ich eingetreten bin. Meine Eltern haben bei der Entscheidung mit Achtzehn kaum eine Rolle gespielt. Ich war sowieso immer anderer Meinung, übrigens auch meinen Kumpels gegenüber. Ich wollte damals ständig in Opposition sein. Mit dem Studium verlor sich dieser Drang dann immer mehr.

---

[57] Abteilungsparteileitung: Die SED war als Parteiorganisationen vor allem an den Arbeitsplätzen in der DDR organisiert. Nur für Rentner waren die Wohngebietsorganisationen vorgesehen.

Im Prinzip existierten drei Einflüsse. Einmal die Schule und dann die Lehrer. Ich wollte in dieser Zeit unbedingt etwas mit Philosophie machen. Das hatte mich sehr interessiert. Dann besaß ich viele Freunde, die links eingestellt waren. Und vor allem waren es auch die Bücher. Ich habe furchtbar viel gelesen, besonders utopische Romane, del' Antonio[58] zum Beispiel. Ich besuchte damals zum ersten Mal eine Bibliothek, ein riesiger Saal, Bücher neben Büchern. Sie haben mich auch heute nicht verraten, weil ich glaube, dass die Bücher in den DDR-Bibliotheken ehrlich gemeint waren. Damals habe ich mir aber die Frage, ob ehrlich geschrieben oder nicht, gar nicht gestellt. Für mich war klar, es kann nur in Richtung Sozialismus gehen. Das funktioniert gar nicht anders. Alles um mich herum schien auf Sozialismus zu deuten. Dazu kam auch, dass ich damals Lehrling im Vorrichtungsbau[59] war. Die Kollegen dort hatten entsetzlich reaktionäre Auffassungen und ich war ja immer auf Opposition gewesen.

Am Anfang des dritten Lehrjahres wurde ich Kandidat. Nach der Lehre sollte ich zur Armee gehen. Kurz vor der Armee kam der FDJ-Sekretär[60] des Betriebes zu mir und wollte ein paar biografische Angaben haben. Ich fragte weshalb. Da antwortete er mir: „Du erhältst den ‚Jungaktivisten'. Du kriegst ihn, weil er eingeplant ist." Ich sagte, ich würde ihn nicht annehmen, wenn er, der FDJ-Sekretär, nicht wüsste, weshalb ich ihn verdiene.

Ich war dann gerade zwei bis drei Wochen bei der Armee als ein großer Fahnenappell stattfand und ich den Jungaktivisten mit Vortreten vor der versammelten Mannschaft verliehen bekam. Ich hatte zum ersten Mal ein schlechtes Gewissen. Meine Kompanie war natürlich von mir „begeistert".

Im Studium hatte ich keine Parteifunktion. Ich wollte eigentlich nie eine haben. Ich kann das nicht begründen. Das war so ein Gefühl. Im Ingenieurspädagogikstudium gab es viele Genossen. Da konnte ich immer mitlaufen. Erst nach dem Studium, als ich in einen Berliner Großbetrieb

---

[58] Eberhardt del'Antonio (1926-1997), Science-Fiction-Autor, der in der DDR lebte. Er verfasste Romane über künftige sozialistische Gesellschaften, beispielsweise wie Menschen, die Jahrhunderte nach uns von einer Weltraummission zurück auf die Erde kommen, diese betrachten werden. Gelingt es ihnen noch, uns zu verstehen?

[59] Vorrichtungsbau: Eine Sparte des Werkzeugbaus

[60] FDJ-Sekretär, Leiter einer jeweiligen Organisationsform der Freien Deutschen Jugend, der DDR-Jugendorganisation. Diese gab es in Schulen, Betrieben und ebenso in militärischen Organisationen wie Polizei und Volksarmee.

gelenkt wurde, erhielt ich meine erste Aufgabe. Das kam, weil man mich zuerst in eine Parteigruppe gesteckt hatte, in der nur Produktionsprobleme gewälzt wurden, welche Abteilung was bilanziert hatte und so weiter. Ich langweilte mich. Eines Tages kam der Parteisekretär zu mir und schlug mir vor, die Parteigruppe Lehrlinge als Organisator zu übernehmen. Das lag mir, Jugendarbeit. Ich hatte mit den Lehrlingen sowieso den ganzen Tag zu tun. Die kann man auch noch formen, dachte ich. Zwei bis drei Jahre später gelangte ich automatisch in die Abteilungsparteileitung, weil ein Beschluss gefasst wurde, dass alle Parteigruppenorganisatoren in die Leitung müssten. Das war für mich sehr belastend. Alle vierzehn Tage wurde von sechzehn Uhr fünfzehn bis neunzehn Uhr diskutiert, meistens Kaderfragen[61]. Nur fünf Prozent davon gingen mich wirklich an. Ähnliche Erfahrungen machte ich dann mit der zentralen Parteileitung im Betrieb. Ich merkte, dass ich seit 1983 mehr oder weniger ein ausführendes Mitglied der Partei geworden war. Seit dem Studium war ja das Oppositionelle in mir weg. Ich habe mich nicht aufgelehnt gegen die Methoden, weil ich dachte, dass so eine Partei arbeiten müsse. Das sei eben so unangenehm. Ich habe mir keine wirklichen Gedanken gemacht, hatte nie etwas anderes erlebt. Ich dachte, da muss man sich erst irgendwann irgendwie reinfummeln, glaubte, dass ich noch nicht reif genug dafür sei.

1985 schlug mein Parteisekretär vor, dass sich aus der Abteilungsparteileitung herauskönne, wenn ich dafür als Vertreter in die Kreisleitung gehen würde. Die tage nur drei bis fünf Mal im Jahr. Ich hatte in jener Zeit besonders viel Arbeit, auch privat wenig Freiraum. Ich sagte zu. Das brachte mir dann auch tatsächlich den erhofften Zeitgewinn.

In der Kreisleitung lief es dann so ähnlich ab, wie ich es zuvor erlebt hatte, ein riesiger Saal, völlige Anonymität. Man saß nach dem Alphabet, kannte kaum seinen Nebenmann. Wenn doch, dann war es durch Zufall. Es redete dann irgendjemand zum Beispiel von Problemen im Bremsenwerk, während man selbst vielleicht im Getränkekombinat beschäftigt war. Immer Produktionsprobleme. Der Genosse selbst wurde nie zum Thema, erst nach der Wende. Die Tagesordnungspunkte für die Sitzungen hatte man schon zuvor zugeschickt bekommen, konnte sie kaum, eigentlich gar nicht beeinflussen. Ich dachte, das wäre normal so. Beim Parteitag war es ja nicht anders. Natürlich habe ich bei meinen Kollegen im Betrieb gemerkt, dass sie anders redeten und dachten, als man es sich bei den Versammlungen

---

[61] Kaderfragen = Personalangelegenheiten

vorstellte. Ich sah hier einen Widerspruch zwischen Theorie und Praxis, hielt diesen aber nicht für unlösbar, nicht für antagonistisch.[62]

1983/1984 schickten sie mich drei Monate zur Bezirksparteischule. Mein privates Fazit war, dass die Theorie der Dozenten dort nicht der Wirklichkeit entsprach. Ich erklärte mir dies damit, dass dies so sein könnte, wenn man niemals in die Praxis kommen würde. Ich sah dieses Problem aber nicht als so tragisch oder gar gefährlich für unsere Gesellschaft an. Erst dadurch, dass ich viel gereist bin, durch meinen Tourismus, sind mir die großen Zweifel gekommen.

Seit dem zweiten Studienjahr bin ich viel gereist. Je mehr ich von der Welt gesehen hatte, desto mehr trennten sich meine politischen Weltanschauungen, sie teilten sich auf, in eine, die ich lebte, und in die eigentliche Überzeugung, wie die Welt funktionierte, die ich auf den Reisen gewann. Ich muss sagen, dass ich auch keine Beziehungen in den Westen hatte. Ab und zu kam eine Karte an die Oma. Das war alles, sonst nichts. Ich habe das nur aus dem Fernsehen gekannt.[63] Beim Reisen in die sozialistischen Länder hatte man aber so seine Erlebnisse. Ich will ein Beispiel erzählen. Es war in Moskau, in einem Interhotel[64]. Ich stehe am Tresen und sehe plötzlich schöne Postkarten. Die will ich haben, weil ich solche zuvor noch nie sah. Ich frage, die Antwort: Nur gegen DM. Oder der Zeltplatz in Bulgarien. Die Polen fuhren eben weiter nach Istanbul. Die Reisefrage hat mich wahnsinnig belastet. Bis etwa 1988/1987 entschuldigte ich das Nichtreisenkönnen damit,

---

[62] Antagonistisch = unlösbar, Begriff aus der marxistischen Terminologie. Aus antagonistischen Widersprüchen der kapitalistischen Gesellschaftsordnung entwickelt sich eine revolutionäre Situation. Demnach kann nach einer Krise unter Führung der Partei der Arbeiterklasse diese ausnutzend nach einer erfolgreichen Revolution der Sozialismus errichtet werden.

[63] Mit Ausnahme des Dresdener Raums, der durch geografische Bedingungen Empfangsprobleme hatte, konnte in der gesamten DDR Westfernsehen empfangen werden. In den siebziger und achtziger Jahren wurde darauf verzichtet, die Fernsehantennen auf den Dächern in Richtung Osten zu drehen. Genossen konnten in Versammlungen sich nicht dazu bekennen, Westfernsehen zu sehen.

[64] Interhotels wurden in der DDR sowie im gesamten Ostblock jene Hotels genannt, in denen sich westliche Touristen aufhielten. Sie hatten eine gehobene Ausstattung. Westler bezahlten in westlicher Währung.

dass der Staat kein Geld dafür habe und es sich anders einteilen müsse.[65] Danach hielt ich es nur noch für Bosheit. Wir sparten ein Vierteljahr für vier Wochen Urlaub und die Arbeitslosen aus der BRD konnten sich solch eine Tour von einer halben monatlichen Spritze leisten. Da wurde man natürlich sauer. Irgendwie ist das nicht ehrlich, überlegte ich. Ich hatte ansatzweise bei meinen Reisen zum Beispiel nach Bulgarien gesehen, wie Leute von drüben leben. Aus der Partei bin ich aber dennoch nicht ausgetreten, weil ich dachte, dass wir trotzdem die bessere Perspektive haben, unsere Ordnung die menschlichere ist, wir doch moralisch überlegen sind aufgrund unseres Anliegens trotz weniger Geld, geschichtlich, historisch überlegen, wir doch die größeren Triebkräfte[66] hätten. Die Praxis schleift an dem Theorieklotz, bis du merkst, dass eine andere Farbe durchkommt, bis die Erfahrung da ist, dass der Westen doch überlegen ist. Auf jeden Fall war mir inzwischen klar geworden, dass die Entwicklung der Welt nicht so geradlinig verläuft. Dennoch war ich mir noch ziemlich sicher, dass es zum Sozialismus kommen muss. Die Entwicklungsschritte zum Sozialismus! Man könne doch nicht das Rad der Geschichte siebzig Jahre zurückdrehen. Fünfzig Millionen Tote sollten nicht umsonst gewesen sein.[67] Ich konnte mir aber auch nicht vorstellen, wie man einen Sozialismus anders machen könnte.

Mit dem Beginn der Perestroika[68] in der UdSSR habe ich sofort begriffen, was los ist. Die hatten plötzlich einen Sozialismus mit ganz anderen Grundsätzen. Wenn ich ehrlich gewesen wäre, hätte ich damals austreten müssen, weil ich die Vorgänge nicht verstanden habe. In den Parteiversammlungen wurde es zu jener Zeit aber deutlich kritischer. Der Parteisekretär des Betriebes sagte dann damals zu mir, dass ich zu „lasch" sei, und ich wurde nur noch

---

[65] Die Mangelwirtschaft wurde in allen Wirtschaftsbereichen deutlich. Das erfuhr ein Werkzeugmacher bspw. dadurch, dass Materialknappheit auch seinen Arbeitsalltag beherrschte.

[66] Triebkraft: Begriff der marxistischen Theorie. Hauptproduktivkraft ist demnach der Mensch. Aber auch die Eigentumsverhältnisse an Produktionsmitteln gehören dazu.

[67] Die hohe Anzahl an sowjetischen Todesopfern war auch durch die vielen sowjetischen Soldatenfriedhöfe in Ostdeutschland ständig präsent. Man geht inzwischen davon aus, dass es durch taktische Entscheidungen dreimal mehr Opfer auf sowjetischer Seite gab, um die Deutschen zu besiegen, als notwendig. Dies war aber zu DDR-Zeiten wenig bekannt.

[68] Name der Reformpolitik in der Sowjetunion ab 1985. Perestroika bedeutet Umbau der Gesellschaft.

stellvertretender Parteigruppenorganisator. 1988/1989 war ich innerlich schon weit von der Partei entfernt. Ich bin wohl aus reiner Bequemlichkeit nicht ausgetreten. Es war auch keine so große Zeitbelastung mehr für mich. Außerdem wollte ich auch keine Schwierigkeiten erleben. Wenn Parteitage oder pädagogische Konferenzen nach dem üblichen Muster abliefen, habe ich oft überlegt, wie das wäre, wenn man plötzlich auspacken würde, plötzlich aufstehen und die echten Probleme erzählen. Ich habe mir Reden ausgedacht, wenn ich zum Beispiel irgendwohin durch die Stadt gegangen bin. So habe ich aber innerlich nur Dampf abgelassen, mich aber nicht nach außen abreagiert, leider. Meine Überzeugung ist mehr und mehr abgebröckelt. Ich war nur noch ein Mitläufer. Es geht eben nicht anders, sage ich mir. Ein paar Monate vor der Wende hatte ich auch nicht gedacht, dass es dann so anders kommen würde. Auslöser des Zusammenbruchs der DDR nach meiner Meinung war, als so plötzlich die Grenzen aufgemacht wurden.[69]

Kurz nach dem siebenten Oktober[70] habe ich begonnen, meine Austrittserklärung zu formulieren. Ich habe dann daran nicht weitergearbeitet, weil die Zeit so hektisch verlief. Ich hatte damals auch wahnsinnige Sympathien für Krenz.[71] Ich dachte, vielleicht passiert jetzt etwas. Ich wusste aber nicht was. Ich dachte, ich verrate mich selber, wenn ich gerade jetzt austrete.

Ich bin dann doch ausgetreten. Mit der Unterschrift fiel es wie ein Klotz von mir. Der Sozialismus ist gestorben. Die Gesellschaftsordnung ist so nicht machbar, in diesen Formen, auch ökonomisch nicht. Marx hatte vielleicht mit seiner Theorie der Weltrevolution Recht.[72] Das ist auch die einzige theoretische Frage, die für mich übrig geblieben ist. Eine Weltrevolution vielleicht, wenn nur noch ein kleiner ökonomischer Abstand vorhanden ist, wenn Soziales in der Marktwirtschaft dominierend ist, dann könnte der Sprung in die klassenlose Gesellschaft klappen. Das wäre aber weniger Revolution als Evolution.

---

[69] Am 9. November 1989.

[70] Nationalfeiertag der DDR. Hier ist der 7. Oktober 1989 gemeint.

[71] Egon Krenz, Nachfolger von Erich Honecker, versprach bei seinem Amtsantritt am 18. Oktober 1989 eine „Wende".

[72] Die Vorstellung von einer Weltrevolution ist bereits im Werk von Karl Marx vorhanden, wird aber zum Leitthema bei Lenin.

Ich bin, was die Zukunft angeht, optimistisch, weil ich mir selber so viel zutraue, dass ich durchkomme, weil das jetzt mehr Spaß macht durchzukommen. Der „Jungaktivist" war ohne mein Zutun. Jetzt ist es von dir abhängig, ob was aus dir wird. Ich hoffe, meine Interessen Elektronik und Reisen besser verwirklichen zu können. Ich komme jetzt an Bücher heran, von denen ich gar nicht zu träumen wagte. Den Reinhold Messner und solche Sachen würde ich mir holen.[73]

Schlüsselerlebnisse hatte ich eigentlich keine, aufgrund dessen ich mich geändert habe, auch nicht durch die Wende. Ich war innerlich schon weit weg von der Partei. Ich verhielt mich unehrlich mir selbst gegenüber, weil ich nicht früher ausgetreten bin. Die Partei hat das so gewollt. Für bestimmte Dinge schäme ich mich. Vor allem, dass ich so inkonsequent war. Ich schäme mich, obwohl ich nur ein „kleiner Mann" gewesen bin. Früher konnte ich mir auch nicht vorstellen, wie alle beim Faschismus mitgemacht haben. Jetzt ist mir das klar. Unter bestimmten Bedingungen kriegt man eben die Leute dazu mitzumachen, im guten Glauben. Ich vertrat lange die Meinung, dass es das Gute ist. Schockierend für mich war nicht das Bestechliche und so weiter, sondern die Strukturen, die das möglich gemacht haben. Ob die nun sitzen müssen oder nicht, ist mir egal. Viel schlimmer ist, dass es von der Berufsschul- über die Kreisleitung bis zum Politbüro so lief und dass ich eine Stütze war, die solche Strukturen ermöglichte. Am Anfang nahm ich an, dass ich gebraucht würde. Als Lehrling oder bei der Armee, da war man Gleicher unter Gleichen. Es waren die sechziger Jahre, meine frühe Kindheit, die Flower-Power-Zeit.[74] Heute haben die Lehrlinge in diesem Alter mehr Individualität. Ich fühle mich missbraucht. Honecker[75] unterstelle ich nicht einmal Böses. Ich bin überzeugt, dass auch er mit bester Absicht an die Dinge heranging.

Der Sozialismus gehört der Vergangenheit an, allein weil der Name jetzt mit solchen Vorurteilen belastet ist. Sozialismus ist für mich das, was in den

---

[73] Reinhold Messner, Bergsteiger aus Österreich, der seit 1972 über seine Touren publiziert hat.

[74] Flower-Power ist ein Begriff der Hippiebewegung, einer pazifistischen Bewegung der sechziger Jahre, die sich auch gegen den Vietnamkrieg richtete: Make love, not war. Das kommunistische Vietnam wurde von der DDR intensiv unterstützt. Schüler sammelten Altstoffe, um dafür Geld zu erhalten, das dann für Vietnam gespendet wurde.

[75] Erich Honecker, Staatschef der DDR

letzten vierzig Jahren existierte. Alles andere ist für mich nicht vorstellbar. Wenn man früher irgendein Detail am Sozialismus verändert hätte, zum Beispiel die Reisefrage, wäre die Wende schon eher gekommen, wäre der Sozialismus schon früher vorbei gewesen. Der Stalinismus ist wohl für den Sozialismus von 1945 an bis in die Mitte der fünfziger Jahre notwendig gewesen, um die Machtfrage zu klären. Der Sozialismus insgesamt hat aber versagt, weil er auf das Volkseigentum baut. Es hätte, wenn schon, dann auf ein kollektives Eigentum hinauslaufen müssen. Ich habe das Wort von klein auf gehört, habe mich in der DDR aber nie als Eigentümer gefühlt. Wir hatten stattdessen die organisierte Verantwortungslosigkeit, wie es manchmal unter uns formuliert wurde. Der Sozialismus geht zurzeit nicht so, wie er war, sonst wäre er zur Marktwirtschaft geworden. Eine Marktwirtschaft muss aber sozial sein. So gesehen ist meine Einstellung immer noch links.

Weltanschauung heißt, die Welt anzuschauen. Ich bereue, dass ich nicht eher darauf gekommen bin. Man hätte das anders machen müssen. Doch in der Zeit, in der man lebt, weiß man das immer nicht und macht es falsch. Das ist das Leben. Damit muss man fertig werden. Ich war fünfzehn Jahre in der Partei. Ich will nicht mehr organisieren. Organisationsformen sind gefährlich. In den vergangenen Jahren hat mich die Parteidisziplin immer wieder belastet, dass man seine Meinung bei Kontakten mit den Genossen nicht immer vertreten durfte, sondern immer nur den Beschluss der Partei. Jetzt schätze ich ein, dass ich mit Achtzehn noch nicht den Einblick hatte, nicht den Weitblick. Eine Konsequenz schon vor der Wende war aber für mich, dass ich keine Werbegespräche mehr für die Partei geführt hatte, weil ich in jenem Alter selbst zu naiv gewesen war. Kaum einer wusste, was das Parteistatut bedeutete. Ich saß eigentlich fast immer zwischen den Stühlen, denen der Partei und der Kollegen. Es ist traurig, dass in den Parteiversammlungen kaum jemand den Mut besaß, das anzukreiden, was Fakt war. In der Partei hat das so gut wie keiner getan. Das hing mit der Struktur zusammen. Innerhalb der Partei haben wir anders gesprochen als außerhalb. In meinen Lehrlingen habe ich immer einen Spiegel gesehen, gedacht, wie ahnungslos die noch sind. Aber ich war auch mal so naiv. Doch vermutlich muss ein jeder selbst diese Erfahrung machen. Die Generation, die noch den Krieg mitgemacht hat, wird ganz anders zum Krieg stehen als die, die danach kommt.

Ich erinnere mich jetzt doch noch an ein wichtiges Erlebnis. Einer, der mich geprägt hatte, war mein Onkel als einer der wenigen, der in der Familie wirklich überzeugen konnte. Er hat beim Zoll gearbeitet. Getroffen haben wir uns immer bei meiner Oma. Irgendwann wurde er Kaderleiter beim Zoll. Er fuhr deswegen dann mit seinem Chef zu meiner Oma, um zu klären, wie weit unsere Westverwandtschaft[76] verzweigt war. Meine Oma hatte ja fast alle drüben. Meine Oma durfte ihnen danach auch weiterschreiben. Aber meine Tante, die Frau von meinem Onkel, hatte auch Westkontakte. Die hat mein Onkel nicht angegeben. Da ist er ausgewichen. Plötzlich brach mein Onkel auch den Kontakt zu meiner Oma ab. Alle haben ihm daraufhin geschrieben. Er hat aber nicht darauf reagiert. Mein Onkel durfte nun auch keinen Kontakt zu ihr, zu seiner Mutter, haben. Er war einst für mich ein Vorbild gewesen. Dann war ich enttäuscht, dass die Parteimoral so etwas zulässt. Meine Oma ist daran beinahe psychisch krachen gegangen. Das ist für mich eigentlich schon früh ein Knackpunkt gewesen. Mein Onkel hatte für mich die Partei verkörpert.

---

[76] Höhere SED-Funktionäre, Angehörige der Nationalen Volksarmee und der Volkspolizei sowie der Staatssicherheit durften keine privaten Kontakte in die Bundesrepublik haben. In der Regel bedeutete dies den Abbruch von Kontakten zu Westverwandten.

Der Arzt

Heinz K., achtundfünfzig, Arzt beim Ministerium für Staatssicherheit (MfS), Leiter einer Gesundheitseinrichtung des MfS, nach der Wende tätig in einer Poliklinik, verheiratet, ein Kind, in der SED seit 1953, jetzt PDS-Mitglied, seit 1960 fast durchgängig in Parteifunktionen, vor allem in Grundorganisationsleitungen aktiv.

Das Gespräch wurde im Januar 1990 geführt.

Mein SED-Eintritt ordnet sich in meine persönliche politische Entwicklung ein. Es war ein kontinuierlicher Schritt ausgehend von dem Erlebnis der Kriegs- und Nachkriegszeit. Ich hatte Kontakt zu politisch interessierten Menschen und war zunächst in der FDJ aktiv. Aus Anlass des Todes von Stalin[77] bin ich in die Partei eingetreten. Seit vielen Jahren ist der Anlass für mich keiner mehr. Aber ich bereue nicht, dass ich eintrat. Ich bin nicht Parteimitglied geworden, um Karriere zu machen. Ich sage das, weil es sehr schwer war, bei uns Medizin zu studieren. Ich hatte noch eine zweijährige Kandidatenzeit.

Den Krieg bekam ich durch die Flucht aus dem Osten mit, mit dem Elend am Ende des Krieges auf den Landstraßen, den direkten Kriegseinwirkungen, den Bombenangriffen, in den Flüchtlingslagern. Es spielte sich so ab, dass die Menschen durch Hunger und Krankheit wie die Fliegen starben. Ich erhielt einen Vormund, ein altes KPD-Mitglied, ein KZ-Insasse. Meine Eltern waren verstorben. Dieser Mann und andere politisch aktive Menschen zeigten einen Ausweg. Den Krieg brachte ich mit dem Faschismus in Zusammenhang. Die antifaschistisch-demokratische Ordnung[78] wollte nach der Niederlage des Faschismus auch die Beseitigung der Kräfte, die ihn an die Macht gebracht hatten, der feudalen Kräfte und der des Großkapitals, sodass man sich immer

---

[77] Josef Stalin war von 1927-1953 Staatschef der Sowjetunion und gilt als Begründer des Personenkultes im Sozialismus. Er verstarb am 5.3.1953. In der DDR wurden umfangreiche offizielle Trauerfeiern abgehalten.

[78] „Errichtung der antifaschistisch-demokratischen Ordnung" entsprach der DDR-offiziellen Beschreibung des Neuanfangs im Osten nach dem Ende des Krieges.

mehr mit der Politik der Ostzone identifizieren konnte: Mit der Boden- und Schulreform, der Bestrafung der Kriegsverbrecher.

Von 1947 bis 1950 besuchte ich die Oberschule, zunächst in einer sogenannten Förderklasse, weil ich einiges durch die Umsiedlung versäumt hatte. Das entsprach einer Begabtenförderung, da ich die Schule auf normalem Wege nicht hätte beenden können.[79] Nach dem Abitur bewarb ich mich zum Medizinstudium. Dies war mein erster Studienwunsch, Pädagogik der zweite. Ich bin sofort angenommen worden. Sicher spielte auch eine Rolle, dass mein Vater Landwirt gewesen war. Ich stamme aus einer armen Bauernfamilie.

Das Medizinstudium dauerte sechs Jahre, bis 1956. Ich wurde FDJ-Leitungsmitglied. Ich habe es gerne gemacht. Man muss ja davon ausgehen, dass die FDJ damals viele Anhänger hatte, auch Andersdenkende, zum Beispiel Kinder von Professoren. Eine ganze Anzahl ist aber wohl zum Studium aufgrund des Parteibuchs gekommen oder durch ihre Eltern, nicht durch eigene Leistung. Ich war zu jener Zeit aber noch kein Parteimitglied gewesen.

Im Seminar existierten natürlich mehrere politische Lager. Später hat man mir gesagt, dass ich in der FDJ-Leitung nicht der Geschickteste war. Im Westen gibt es einen Professor, der mal in meiner Seminargruppe war. Der sagte uns Dreiundfünfzig: Das habt Ihr nun von eurer FDJ-Arbeit, den siebzehnten Juni.[80] Ich arbeitete zu jener Zeit gerade in einer Kreisstadt. Dort hat man wenig mitbekommen. Wir waren nicht gut informiert gewesen, haben es erst im Nachhinein so richtig erfahren. Ursache war die Normerhöhung. Andererseits glaubten wir an ein Ereignis politischer Rädelsführer, da die

---

[79] In der sowjetischen Besatzungszone bzw. in der frühen DDR wurden einige Möglichkeiten geschaffen, besonders sogenannte Arbeiter- und Bauernkinder zu fördern, die durch den Krieg keinen Schulalltag mehr erlebt hatten. Dies half in der Folge Eliten zu begründen, die nicht mehr überwiegend aus dem Bildungsbürgertum kamen.

[80] Am 17. Juni 1953 fanden gewalttätige Streiks und Demonstrationen statt. Ursache war die politische Unzufriedenheit sowie die unzureichende Versorgungslage bei gleichzeitig erhöhten Arbeitsnormen. Sowjetische Militärpräsenz auf den Straßen beendete die Aufmärsche.

Naziverbrecher in Halle aus der Haft befreit wurden.[81] Ich hatte das als einen konterrevolutionären Vorgang gewertet. Jetzt im Moment habe ich eine andere Meinung, vermag mich aber nicht so zu wenden zu sagen, dass es ein Arbeiteraufstand war. Dazu hatten sich zu viele andere beteiligt.

Ich wurde nach dem Studium für die bewaffneten Kräfte angeworben. Es waren alle angesprochen worden, die Genossen besonders intensiv. Ich verpflichtete mich für drei Jahre zur Kasernierten Volkspolizei beziehungsweise zur Nationalen Volksarmee zu gehen, weil ich die Notwendigkeit der Stärkung der Republik sah, weil ich das zur Stärkung des Vaterlandes für notwendig hielt. Ich hatte mich jedoch nur für drei Jahre Dienst verpflichtet, da ich politisch noch nicht so entwickelt war. Aus dem Seminar verpflichteten sich damals drei der Studenten.

Ich arbeitete zunächst als junger Arzt in einem Lazarett der Kasernierten Volkspolizei. Man stellte mich übrigens wegen meiner ärztlichen Ausbildung sofort als Offizier ein. Das ist überall in der Welt so. 1956 erfolgte auch die Gründung der Nationalen Volksarmee. Ich wurde gleich gefragt, ob ich länger bleiben wollte. Da es mich aber in das staatliche Gesundheitswesen drängte, weil dort das Spektrum medizinischer Fälle breiter war, sagte ich zunächst ab. Eineinhalb Jahre später wurde ich erneut gefragt, ob ich mir eine längere Dienstzeit von zehn bis fünfzehn Jahren vorstellen könnte. Dazu konnte ich mich immer noch nicht entschließen, weil mir dies in Fragen der Ausbildung zu einseitig erschien. So blieb ich dann ein Jahr in einem Regiment als Regimentsarzt tätig. Weitere Gespräche folgten und man bot mir eine Weiterbildung zu einem Facharzt in einer profilierten zivilen Einrichtung an, in einer medizinischen Akademie mit der Zielstellung in einem Lazarett der Nationalen Volksarmee einmal in leitender Position beschäftigt zu sein. Diese Weiterbildung, ich hatte zugesagt, dauerte fünf Jahre. Das bereitete mir sehr große Freude. Ich habe mich auch wissenschaftlich betätigt. In der Zeit wurde ich an der Akademie für zwei Jahre der Parteisekretär der Ärzte. Ich war, obwohl noch ein junger Arzt, obwohl auch politisch andersdenkend als andere dort, anerkannt. Meine Eigenheiten sind wohl das disziplinierte,

---

[81] Die Zusammenstöße des 17. Juni 1953 in Halle gelten als besonders heftig. Demonstranten erzwangen die Befreiung von Untersuchungshäftlingen. In Halle gab es Todesfälle durch Schusswaffeneinsatz.

fleißige und korrekte Arbeiten. Als Genosse konnte man sich bei älteren Ärzten nur mit solchen Eigenschaften durchsetzen.[82]

Den Schutzwall[83] 1961 hielt ich für notwendig. Es gab damals Folgendes: Die Menschen verließen fluchtartig die Republik. Schwer zu verstehen seinerzeit. Es ging ihnen nicht schlecht. Man kam zur Arbeit und erfuhr, dieser oder jener Arzt ist nicht mehr da. Die Situation verschlimmerte sich immer mehr. Aus unserer Klinik sind zwei Ärzte weggegangen. Dass wirtschaftlich uns ein riesiger Verlust zugefügt werden sollte, das wird wohl auch im Westen heute so gesehen. Stichwort Grenzgänger.[84] Die Errichtung des Schutzwalls war wie eine Befreiung, obwohl es hässliche Diskussionen gab. Doch es kam zu einer wirtschaftlichen Blüte. Ärzte aus anderen Ländern, Bulgarien, Ungarn unterstützten uns in den Folgejahren. Damals war bei den Menschen wohl noch viel mehr Idealismus dabei. Das ist, denke ich, heute ganz anders.

Es begannen erneut Gespräche. Diese liefen parallel ab. Für die Nationale Volksarmee gab es schon eine Festlegung, wo ich als leitender Arzt meiner Fachrichtung arbeiten sollte. Gleichzeitig suchte mich der leitende Arzt des medizinischen Dienstes des Ministeriums für Staatssicherheit auf und schilderte mir, welcher Bedarf bestand, welches Arbeitsgebiet sich hier in Berlin auftun würde. Das waren keine schlechten Arbeitsmöglichkeiten. Finanziell hätte ich aber zumindest am Anfang genauso viel bei der Armee verdient wie hier. Das ist nicht das Entscheidende gewesen. Vielleicht hat auch Berlin ein wenig gezogen. Entscheidend waren aber für mich die medizinischen Arbeitsmöglichkeiten. Es bestand ein echter Bedarf an Ärzten. Ich hatte mir diese Einrichtung angesehen, erhielt Bedenkzeit und entschied mich schließlich wegen der guten Arbeitsbedingungen für einen Arzt, der arbeiten will, dafür. Natürlich stimmte dies auch mit meiner Einstellung überein. Das war 1966.

---

[82] Von 1958 bis 1961 war die Anzahl von Ärzten, die „Republikflucht" begangen, am höchsten. Schätzungen belaufen sich auf eine Anzahl von etwa 500 Ärzten pro Jahr.

[83] DDR-offizielle Bezeichnung für die Berliner Mauer

[84] Grenzgänger – gemeint sind Berufspendler zwischen den Systemen Ost/West in Berlin bis zum Mauerbau. Hier sind offensichtlich jene Grenzgänger gemeint, die im Osten wohnten aber im Westen arbeiteten und dadurch über hohe Geldmittel verfügten.

Was das Medizinische angeht, haben sich im Nachhinein alle Erwartungen bestätigt. Ganz abgesehen davon, dass ich von den einzelnen politischen Funktionen des Organs Staatssicherheit nicht viel wusste, hatte ich auch keine Bedenken deswegen. Meine politischen Ansichten stimmten schließlich mit denen der SED überein. Das MfS[85] arbeitete im Auftrag der Partei und setze die Politik der Partei um. Ich bin bis zum Schluss dabei geblieben, habe als Arzt gearbeitet und verschiedene Leitungsfunktionen übernommen. Im Laufe der Zeit gab es aber auch bei mir Zweifel, ob es richtig ist, wie wir uns den Aktionen Andersdenkender gegenüberstellten, vor allem in den letzten zwei bis drei Jahren; keine nagenden Zweifel. Dazu war ich auch zu wenig informiert gewesen. Fragen hatte ich zumindest in der Zeit, in der in bestimmten Bezirksstädten Demonstrationen stattfanden[86] und man wusste, dass es keine echten Konzeptionen mehr gab, nur noch unterschiedliche Meinungen, dem zu entgegnen. Das unmittelbar dem Ereignisort vorgesetzte Dienstorgan hatte meist die realistischere Sicht, dass es so nicht gehen würde, wie es von Berlin aus geplant war. Leitende Kader erschienen immer wieder zu einer Art prophylaktischen Reihenuntersuchung. Da hörte man dann auch, dass die Situation nicht gut ist. Ich traf auch mal jemanden von einer SED-Bezirksleitung, den ich fragte, ob es nicht Zeit wäre, die alten Männer abzulösen. Die Antwort lautete, dass gerade jetzt die Alten gebraucht würden, weil die die Erfahrungen hätten. Ich sah das anders. Doch dies waren Gespräche unter vier Augen. Meine Einstellung war auch nicht so, dass ich das letztendlich zu Konsequenzen geführt hätte. Vielleicht waren wir auch so passiv, weil wir nicht genügend Informationen vom Alltag hatten. Der Geheimnisschutz verlangte von uns auch die Einschränkung unseres Bekanntenkreises.

Meine Tätigkeit war leitender Arzt. Der Leiter sollte aber auch der politische Leiter sein. Das hieß, es sollten von uns die Parteibeschlüsse vertreten werden. Ich habe grundsätzlich nie Westfernsehen angeschaltet. Meine Informationen waren die aus unseren Medien. Das wurde einfach von uns erwartet. Ich

---

[85] MfS – Abk. für Ministerium für Staatssicherheit. Mitarbeiter des MfS sprachen niemals selbst von der Stasi. Dieser Begriff wurde von der Bevölkerung benutzt. Unter sich in der Freizeit kommunizierend bezeichneten MfS-Mitarbeiter ihren Arbeitgeber auch als „Firma".

[86] Die erste Demonstration vor der Nikolaikirche in Leipzig fand am 4. September 1989 statt. Kleinere Zwischenfälle gab es bereits zuvor in Bezirksstätten der DDR, zum Beispiel in Erfurt.

bereue das nicht so ganz, weil die Medien versuchten, die Menschen zu beeinflussen. Vieles lief ja in dieser Hinsicht, die Menschen zu manipulieren. Wenn ich meiner Tochter sagte, stell diesen Kanal nicht ein, musste ich auch Vorbild sein und ich wollte das auch. Ich habe mir mitunter auch mal eine Sportsendung angesehen, aber das war selten. Viele Bürger unserer Republik haben sich ja durch das Fernsehen so entwickelt.[87] Es sind trotz der objektiven Faktoren, die natürlich vorhanden waren, die Menschen negativ beeinflusst worden.

In den Parteiversammlungen sind wir gegen die Genossen aufgetreten, die den Antrag stellten, das MfS zu verlassen. Sie erhielten Parteistrafen. Entscheidend war, dass sie sich einst für das MfS verpflichtet hatten. Die Reinheit, die Einigkeit, darin liege die Stärke der Partei und besonders des MfS, das war unsere Meinung. In den Parteiversammlungen fanden nur selten heftigere Auseinandersetzungen statt. Es wurden Grundsätze nicht infrage gestellt. Das empfand ich aus den genannten Gründen für eine gestärkte Kampfkraft als normal.

Wir wussten seit Jahren, dass eine große Kapazität des MfS darauf ausgerichtet war, Republikflucht zu unterbinden. Andererseits erlebten wir natürlich, dass das Bestreben die Republik zu verlassen immer mehr zunahm. Das bedrückte uns. Was hätte man unternehmen können? Ein Bruder von mir meinte, wir sollten sie doch gehen lassen. Ich dachte das nicht, weil ich fand, dass dies eine Unmasse sein würde, die dann ginge, dass es die Republik in so einem Fall schwer haben würde.

Ich muss sagen, dass wir, was die Ausreisewelle anging, am Rande standen. Von unseren Mitarbeitern reiste niemand aus. Daher fühlte ich mich auch nicht so in die politische Pflicht genommen. Wir machten gar nichts. Insbesondere war für uns klar, dass man nicht mit Gewalt vorgehen kann. Ich sah keine Möglichkeiten etwas zu tun. Ich dachte, es muss etwas passieren, aber was? Solche inhaltlichen Gedanken gab es nicht. Ich neige zu

---

[87] Zweifellos ist der RIAS ein Rundfunksender in Westberlin gewesen mit der Zielrichtung der Beeinflussung der Ostberliner Bevölkerung. Besonders der Sender RIAS 2 hatte in den achtziger Jahren einen enorm großen Hörerkreis in Ostberlin. Ebenso trifft dies auf die westlichen Musikfernsehkanäle zu, beispielsweise MTV ab 1987. Die DDR versuchte mit dem eigenen Jugendsender „elf 99" ab September 1989 darauf zu reagieren wie zuvor auf den RIAS mit dem Rundfunkprogramm DT64.

Depressionen. Ich hatte seit dem Sommer ein ungutes Gefühl. Ich sah keine konkrete Möglichkeit, und es gab wohl auch keine.

Am siebenten, achten Oktober[88] dachten wir, es wären die Gegner, die die Republik stürzen wollten. Bei allen politischen Aktionen der Opposition mussten wir MfS-Angehörige zu Hause in Bereitschaft sitzen. Ich fand es widersinnig, weil wir so nicht in der Lage waren zu reagieren. Ich verfolgte lange die Ansicht, dass das Feinde waren, die den Staat stürzen wollten und dass man diesen Kräften keinen freien Lauf lassen dürfte, sondern alles dafür tun müsste, um das zu verhindern, nicht mit Gewalt aber mit irgendetwas auf alle Fälle. Es war furchtbar und bedrückend. Man konnte sagen, dass die Revolution zu Ende geht.

Für mich wirkte die Demonstration der Künstler schlimm am vierten Oktober, als Schabowski und Wolf ausgepfiffen wurden. Das bedeutete für mich schon das Ende der Republik.[89]

Im Moment weiß ich nicht, wie der Sozialismus funktionieren kann. Am realen Sozialismus war falsch ...

Mich hat keiner unterdrückt. Ich ging davon aus, dass es vielen ähnlich gehen würde. Wir hatten ja wenig Kontakt zu denen nach außen. Wir betrachteten Andersdenkende als Gegner oder als Menschen mit einer Marotte. Diese sozialistische Idee ist im Allgemeinen kaputt gegangen. Ich hänge noch immer an der Idee einer sozialistischen Gesellschaft, einer gerechteren Gesellschaft, an der Idee einer Gesellschaft ohne Krieg, an der Idee einer Gesellschaft ohne Notleidende. Da ordnet sich die Umweltgeschichte mit ein, der Gedanke der Solidarität, des Internationalismus. Es gibt und gab keinen

---

[88] 7. Oktober 1989, Feierlichkeiten zum 40. Jahrestag der Gründung der DDR. Am 8. Oktober 1989 gab es Demonstrationen um die Gethsemanekirche in Berlin. Es kam zu Auseinandersetzungen mit der Polizei.

[89] Günter Schabowski: Berliner Bezirksparteisekretär der SED, Markus Wolf: Generaloberst des MfS, verließ dieses 1986. Der Ausstieg Wolfs war als ein mögliches Indiz für Konflikte in der Führungsriege der DDR gesehen worden. Beide Redner wurden bei der sogenannten Künstlerdemo am 4. November 1989 von den Demonstranten als Vertreter der bisherigen Machthaber betrachtet und daher ausgepfiffen. Es überraschte viele SED-Mitglieder sowie Angehörige der Staatssicherheit, dass Markus Wolf nicht als ein reformwilliger Funktionär durch die Demonstranten wahrgenommen wurde, sondern als Verantwortlicher des Repressionsapparates.

Platz in meinem Denken für irgendwelche nationalistischen Empfindungen. Dieser sozialistischen Idee hänge ich immer noch an. Ich habe aber Zweifel, ob dies machbar ist. Wir sagten, man müsse dem Menschen Bedingungen errichten, damit er gut sein könnte. Das war vielleicht das Schlimmste, dass wir meinten, das Bewusstsein entwickeln zu können. Und das stimmt einfach nicht. Der Mensch ist schlechter, als ich dies als naiver Marxist angenommen habe. Die hohe Übereinstimmung der medizinischen Tätigkeit mit der marxistischen Theorie, das Beste für den Menschen tun zu wollen, das war für mich ein wichtiger Antrieb gewesen. 1986/1987 glaubte ich, dass Gorbatschow den Sozialismus kaputt wirtschaftet. Das meine ich immer noch. Wenn nicht er, dann ein anderer. Das ist wohl zwangsläufig. Ich denke auch, dass er mit seinen innenpolitischen Problemen nicht fertig werden wird.

Als Privileg hatte ich einen Dienstwagen. Ich zahlte das Benzin, wenn es private Fahrten waren. Ich hielt es für sehr großzügig, aber gerechtfertigt. Ich war Tag und Nacht im Dienst. Jetzt fühle ich mich auch irgendwie frei, dass man mich nicht immer anrufen kann. Für mich war selbstverständlich, dass ich an den Feiertagen zum Dienst fuhr. Insofern fand ich es nicht übertrieben. Diese Großzügigkeit war im MfS ausgeprägt. Wenn sich bei mir ein schlechtes Gewissen bildete, dann blickte ich nach oben. Das MfS hat sich Sachen herausgenommen, die mich bedrückten. Ich habe bis heute nicht verstanden, weshalb leitende MfS-Angehörige einen Citroën oder Fiat[90] fuhren. Für mich unverständlich, während wir hier um jede Westmark für medizinisches Gerät feilschten. Mein Dienstwagen war ein Lada. Ich habe es dann damit entschuldigt, dass es so ist, dass mein Vorgesetzter einen Westwagen fuhr, weil er höhere Aufgaben hat. Ich wusste, dass für einige Vorgesetzte von mir eine nahezu unbegrenzte Arbeitszeit bestand. Zwölf Stunden waren eigentlich die Regel. Tatsächlich habe ich es aber nicht verstanden.

Als Krenz die Führung übernahm, war ich ziemlich skeptisch. Er stand bei mir nicht an erster Stelle. Andere fand ich sympathischer. Sein schnelles Abtreten war schmerzlich, symptomatisch für die Partei.

---

[90] Seit 1977 wurden westliche Fahrzeuge in die DDR imponiert, die häufig nur an bestimmte Personen verkauft wurden oder als Dienstfahrzeuge für Behörden benutzt wurden. Regierungsmitglieder wurden in Volvos chauffiert, Honecker in einem Citroën.

Es sieht so aus, als ob wir nach Artikel dreiundzwanzig der BRD-Verfassung[91] gefressen werden. Die Idee des Sozialismus besteht für mich fort, aber ich bin überzeugt, dass ich praktische Schritte in diese Richtung nicht mehr erleben werde. Die USA konnten in Panama einfallen, ohne dass es einen störte. Viele Staaten der Dritten Welt haben uns sicherlich in guter Erinnerung. Was werden die von uns denken? Hilfe gibt es schon gar nicht mehr. Alles andere wird nur noch am Rande interessieren. Wir verkaufen schon die Sportler, ein allgemeiner Ausverkauf. Und wenn wir ein Bundesland sind, dann sind wir das Sizilien, der arme Teil. Der Kapitalismus tritt jetzt ohne Gegenpol die Weltherrschaft an. Die Hauptgefahr sehe ich in einem Krieg, dass es zu Auseinandersetzungen führen könnte. Kriege kann man jetzt nicht mehr ausschließen und dass sie die Dritte Welt noch mehr ausbeuten als bisher. Dass es in jener Weltordnung nur um Profit geht, und dass dies ein objektiver Prozess ist, hat mir noch keiner auszureden vermocht.

Durch unseren Niedergang gibt es keine Hemmschwelle mehr. Ob das in zehn oder zwanzig Jahren so weit ist, bleibt für mich dasselbe. Die Menschen denken nicht. Die Sache Sozialismus funktioniert vom System her nicht, denn der Kapitalismus hat die höhere Produktivität. Sie entwickeln sich drüben schneller. Mich bedrückte die allgemeine Schlamperei in unserer Wirtschaft. Wir haben immer behauptet, dass die Leiter schuld seien. Ich war immer der Meinung, dass dies nur zum Teil stimmt. Ein Beispiel: Ich bin im Urlaub und gehe mit meiner Frau am Freitagvormittag einkaufen. Da steht ein Barkas-Reparatur-Schnelldienst vor uns in der Parklücke, fünf Leute, die einkaufen gehen. Ich sage ihnen, dass die Leute doch auf sie warteten. Sie antworteten nichts. Ich hatte wohl den richtigen Ton getroffen.[92] Nicht nur das Politbüro hat versagt, auch die einzelnen Menschen.

Ich habe nicht das Gefühl, dass ich missbraucht worden bin durch das alte System. Wir fühlen uns jetzt als Menschen zweiter Klasse. Es gibt eine große

---

[91] Es gab zwei Varianten, eine deutsche-deutsche Vereinigung durchzuführen, entweder durch den Beschluss eines neuen Grundgesetzes oder durch einfachen Beitritt zum Bundesgebiet nach Paragraph 23. Letzteres wurde dann angewendet.

[92] Barkas war ein Kleinbus aus DDR-Produktion. Es gab einen drastischen Mangel an Handwerksbetrieben, die Reparaturen ausführen konnten. Da diese oft Produktionsgenossenschaften des Handwerks waren (PGH), waren sie nicht gezwungen sehr intensiv zu arbeiten, da es keine so deutliche Gewinnorientierung gab. Praxis war daher die Abweisung von Reparaturanfragen: Das geht leider nicht, da haben Sie Pech gehabt! Daher PGH = Pech gehabt.

Übereinstimmung bei den Mitarbeitern des MfS, dass sie ungerecht behandelt werden. Wenn ein Offizier aus der Armee entlassen wird, gibt es eine Übergangsrente. Und für uns soll es keine geben?

Einige Genossen aus meiner Wohnparteigruppe haben mich für die Kommunalwahl vorgeschlagen, weil ich in medizinischen Fragen kompetent sei. Ich habe abgelehnt. Ich hätte keine Chance.

Die Journalistin

Josephine F., sechsundvierzig, Gärtnerin, einige Jahre Mitarbeit in verschiedenen Redaktionen. Journalistikstudium, Diplom-Journalistin, in der SED seit 1965, Parteigruppenorganisatorin und zeitweise Parteileitungsmitglied. Verheiratet, ein Kind.

Das Gespräch wurde im März 1990 geführt.

Ich will meine politische Herkunft nicht mit dem Elternhaus begründen wie so viele andere. Aber das Elternhaus hat für meinen Entschluss, in die Partei einzutreten, eine wichtige Rolle gespielt.

Mein Vater war Bergmann. Im Krieg arbeitete er in einem kriegswichtigen Betrieb, musste also nicht an die Front. Aus den Erzählungen meines Vaters wusste ich, dass er Fremdarbeitern geholfen hatte und in der Illegalität in der KPD oder SPD tätig war.[93] Nach dem Krieg wurde mein Vater daher Betriebsdirektor in einer Grube. Die alten Genossen, die ich bei meinem Vater angetroffen hatte, habe ich nur positiv kennengelernt. Sie waren hilfsbereit und wenn sie Forderungen gestellt haben, waren das welche, die man auch erfüllen konnte. Mein Vater hat sein Leben für den Betrieb geopfert. Wir haben ihn nur selten gesehen. (Später haben sie ihn aber observiert, als er sich nicht mehr so engagieren konnte. Das habe ich aber zum Zeitpunkt meines Parteieintritts noch nicht gewusst.)

Mein Vater hatte mich auch nie gedrängt, in die Partei einzutreten. Heute bin ich, ehrlich gesagt, froh, dass er das nicht mehr miterleben muss.

Ich habe 1961 mein Abitur abgelegt, dann ein Jahr Gartenbau gelernt und danach angefangen zu studieren. Das erste Studium musste ich jedoch aus gesundheitlichen Gründen abbrechen. Ich war dann redaktionelle Mitarbeiterin in der Lokalredaktion eines Kreises. Als Reporterin unterwegs verspürte ich den Drang, etwas aufzubauen. Mein Gott, das waren die sechziger Jahre! Das eigene Leben stand natürlich im Vordergrund, aber das kann man von der Gesellschaft nicht trennen. Ich hatte vor, eine gute Journalistin zu werden, war neugierig, habe viel gelesen. Ich war darauf aus herauszufinden, was die

---

[93] Am 28. Februar 1933 war die KPD verboten worden, am 22. Juni die SPD. Hitlers Ernennung zum Reichskanzler war am 30. Januar 1933 erfolgt.

Leute wirklich bewegt. Also wir brachten zum Beispiel solche Meldungen, dass für einen Traktor Ersatzteile fehlten oder die Kuh Emma neunhundert Liter Milch gegeben hat.[94] Das Wichtigste für mich als Lokalreporterin war aber, dass man Sachen aufnimmt, die nicht gut liefen, dass dadurch Veränderungen möglich wurden.

Wir unterstanden der Kreisleitung der SED. Für mich war alles neu. Mit dem Lesen von Parteibeschlüssen habe ich mich nicht abgeplagt, vielleicht auch dadurch manches nicht richtig verstanden.[95] Wir waren eine gute Truppe und wir wollten eine gute Zeitung machen. Nur selten versuchten wir Kompromisse zu finden. Meistens haben wir alles ausgesprochen. Deshalb kam es mitunter zu Ärger. Aber es gab nie Parteistrafen oder Rausschmisse.[96] Für meine Begriffe war das Klima damals viel offener. Wir haben viel mehr erreicht als später.

Es waren alle Genossen, ebenso in den anderen Redaktionen. Man konnte sich aufeinander verlassen und viel diskutieren. Ich bin dann in die Partei eingetreten, denn ich wollte dazugehören. Mein Bruder war schon zuvor eingetreten. Allerdings habe ich auch schon damals erlebt, dass Ernteberichte gefälscht wurden. Ich habe gefragt, warum man das macht. Antwort war: Wir müssen doch die Bauern motivieren. Darüber war ich empört. Das sei doch nicht die Wahrheit. Ich wurde ausgelacht, doch ich hatte nicht gedacht, dass es anderswo ebenso sein könnte, dass es Prinzip ist.

Als die Mauer gebaut wurde[97], war ich siebzehn. Ich dachte aber, mein Gott, wo kriege ich jetzt das Samtband her. Das war mein erster Gedanke. Man hatte mir gesagt, das würde es nur in Westberlin geben. Ich konnte mir nicht

---

[94] Um allgemein zu höheren Arbeitsleistungen zu motivieren, wurden enorme Übererfüllungen der Arbeitsnorm immer wieder herausgestellt. Die bekanntesten Personen der Zeitgeschichte sind Frieda Hockauf und Adolf Hennecke, deren Arbeitsergebnisse besonders hervorgehoben worden waren. Doch auch insgesamt in Berichten, nicht nur die Landwirtschaft betreffend, wurden wirtschaftliche Erfolge häufig aufgebauscht.

[95] Parteitagsbeschlüsse, formuliert in einem von marxistischen Formulierungen durchsetzten komplizierten Amtsdeutsch, wurden vollständig im Neuen Deutschland veröffentlicht.

[96] Die höchste Parteistrafe der SED war der Ausschluss.

[97] Am 13. August 1961. Dies geschah als weitgehend überraschende Aktion für sowohl die ost- als auch die westdeutsche Bevölkerung.

vorstellen, wie das gehen sollte, eine Stadt so einfach zu trennen. Als Kind hatte ich noch die Möglichkeit gehabt, zu den Großeltern nach Westdeutschland zu fahren, und habe dort im Wald Pionier- und FDJ-Lieder gesungen und fühlte mich ganz stark dabei.[98] Wir sind durch unsere Schule geprägt. Das wird uns auch noch lange nachhängen. Ich habe mich gefragt, warum es im Westen besser aussah. Der Unterschied war so krass. Mein Vater hatte versucht, es mir zu erklären, dass wir Reparationen zahlen mussten und uns keiner geholfen hat, wir von keinem Marshallplan profitieren konnten.[99] Später wohnte ich dann in Berlin. Ich hatte die Mauer als Grenze akzeptiert, damit die DDR weiterhin existieren kann. Es war für mich Normalität geworden. Ich begann erneut zu studieren. Auch in dieser Zeit haben wir sehr viel diskutiert und uns gestritten. Wenn ich an die Hochschulreform denke, was da an Vorschlägen von uns unter den Tisch gefallen ist![100] Das Besondere an unserer Gruppe war wohl der Zusammenhalt. Es beruhte auf einer Übereinstimmung mit allen Dissonanzen, die in einem Orchester sind, wenn man noch nicht lange zusammenspielt. Von uns waren viele, aber nicht alle in der Partei. Auch die Parteilosen[101] haben mitgemacht. Wir waren gemeinsam im Studentensommer, im Einsatz in der Produktion oder der Landwirtschaft in der Semesterpause. Da standen wir alle mit der Klampfe auf dem Feld oder wir haben den großen Saal im Dorf aufgeschlossen, der seit Jahren leer stand, um ein sozialistisches Erntedankfest zu organisieren.[102] Die

---

[98] Erst mit der Befestigung der Grenzanlagen war es für Ostdeutsche (mit Ausnahme von Rentnern) nahezu unmöglich, in den Westen zu reisen.

[99] Um den weiteren Erfolg sozialistischer und kommunistischer Ideen im Westen Europas zu stoppen, entwickelten die Amerikaner den sogenannten Marshall-Plan. Er zielte darauf ab, die Wirtschaftskraft der westlichen Länder zu fördern. Es gilt als unbestritten, dass die kleinere DDR ein Vielfaches der Reparationsleistungen des ehemaligen Deutschen Reiches an die Siegermächte leistete.

[100] Eine Hochschulreform in der DDR fand von 1965 bis 1968 statt. Auch insofern war die Studentenbewegung, die Reformen an den bundesdeutschen Hochschulen forderte, kein Thema für ostdeutsche Studenten. Die Reform straffte, verschulte, aber ideologisierte auch das Studium von nun an. In der Ausarbeitungsphase gab es vereinzelt heftig vorgetragene Studentenvorschläge für Veränderungen.

[101] Übliche Bezeichnung von Nicht-SED-Mitgliedern im internen Sprachgebrauch der Partei

[102] Erste Versuche, ein sozialistisches Erntedankfest zu feiern und damit mit der christlichen Tradition zu brechen, gab es wohl schon von der Zeit nach dem Ersten

Partei hatte uns den Auftrag gegeben, gut zu studieren. Wir haben versucht, dies nach bestem Wissen und Gewissen umzusetzen. Wir wollten Parteijournalisten[103] werden und waren alle links eingestellt, auch die Parteilosen. Sonst wären diese sicher auch nicht zum Studium angenommen worden. Die Parteilosen haben manchmal nur andere Wege gesucht, um die Ideale zu verwirklichen. Das praktizierte Humanitätsgefühl spielte bei uns eine große Rolle. Das empfand ich als gut. Wir haben immer versucht, in jedem den Menschen zu sehen. Einen einfach abzuschreiben, das gab es bei uns nicht. Die mehr emotionale Bindung zur DDR wurde durch das Studium gefestigt. Nach dem Studium wollte ich nach Berlin. Mein Mann, auch Journalist, hatte dort eine Arbeitsstelle. Die Einsatzkommission, die entschied, wer nach dem Studium wohin gehen sollte, entschied bei mir, dass mein Einsatzort Eisenhüttenstadt sein sollte. Ich habe protestiert: Wenn das die Parteilinie sein sollte! Das war doch unmenschlich, mein Mann in Berlin und ich in Eisenhüttenstadt! Zum ersten Mal trat jemand diktatorisch gegen mich auf. Mir wurde die Parteidisziplin entgegen gehalten: Du bist Genosse. Die Interessen der Partei hätten über den persönlichen zu stehen. Wenn das so wäre, antwortete ich, könnte ich auch meinen Vater verstehen, der sich darüber ausgelassen hatte, dass es Genossen geben würde, die lediglich die Buchstaben des Statuts der SED im Blick hätten, aber nicht den jeweiligen Menschen. Ich wurde erneut hinbestellt und konnte dann in Berlin eine Arbeit aufnehmen.

In der Folge hatte ich im Parteileben eigentlich immer Glück. Ich kam viel mit Kollegen zusammen, die sich als großartige Menschen erwiesen, auch wenn sie als disziplinierte Genossen auftraten. Ich habe als Reporterin gearbeitet und was ich berichtete, konnte ich mit gutem Gewissen abliefern. Es war natürlich möglich, mir Manipuliertes vorzusetzen. Ich war nur im seltensten Fall in der Lage, dies nachzuprüfen. So habe ich mitgeholfen, die Beschlüsse der Partei in meiner Arbeit umzusetzen. Was mir in Berlin am Anfang der siebziger Jahre auffiel, war, dass man die Artikel dem Gesprächspartner vor der Veröffentlichung noch einmal vorlegen musste. Das kannte ich von der Lokalredaktion her nicht. Manchmal wurde mir dann auch gesagt, dass ich

---

Weltkrieg an. Es gibt Berichte von der Ausrichtung vereinzelter Erntedankfeste bis in die siebziger Jahre des zwanzigsten Jahrhunderts hinein.

[103] Die von Lenin entwickelte Vorstellung, dass Unparteilichkeit unmöglich sei und daher stets die Position der Arbeiterklasse bezogen werden müsste, findet sich in dem Begriff „Parteijournalist" wieder, der in dieser Bedeutung in der DDR benutzt wurde.

diese oder jene Stelle lieber weglassen sollte, denn dies würde andernfalls nur mir selbst, meiner eigenen Arbeit schaden. Es hat mich nicht überzeugt, aber ich hatte nicht die Kraft und den Einblick, mich immer damit auseinanderzusetzen.

Ich habe viel akzeptiert, wenn es um Technisches ging, aber nicht, wenn es sich um den Menschen handelte. Der große Bruch in meinem Verhältnis zur Partei entstand aber 1979, als mein Mann aus der Partei ausgeschlossen wurde. Er hatte als Journalist im Ausland gearbeitet. Dort hat ihn einmal ein Mann angesprochen, ob er seine Uhr haben könnte. Er wollte meinem Mann Geld dafür geben. Mein Mann verlangte aber nichts dafür. Ohne dass mein Mann es gemerkt hat, steckte er ihm wohl Geld in die Tasche, denn mein Mann fand später welches in seiner Kleidung. Mein Mann erzählte diese Begebenheit einem Kollegen, der daraufhin es eilig dem Zentralkomitee der SED in Berlin schrieb.[104] Daraufhin wurde meinem Mann vorgeworfen, „unsolidarisch" gehandelt zu haben, indem er illegale Händler im Ausland unterstützt hätte. Er wurde sofort aus der Partei ausgeschlossen. Er hatte noch nicht einmal die Möglichkeit, sich zu verteidigen, weder vor Genossen des Zentralkomitees noch vor denen in der Grundorganisation, wie das Statut der SED das eigentlich vorsah. Ich bedaure, dass ich damals nicht den Mut besaß, aus der Partei auszutreten, zumal es Genossen gab die mir sogar nahelegten, mich scheiden zu lassen. Zum Glück konnte mein Mann seine Arbeit behalten. Das wurde uns schon als eine Art große Gnade erklärt. Ich war dann einer Art Sippenhaft unterlegt und durfte nicht mehr ins Ausland reisen.[105] Ich hatte zwar schon zuvor erlebt, dass es Genossen gibt, die so oder so reden, aber so krass noch nicht. Das war ein ziemlicher Schlag. Ich hatte erlebt, dass einem mal der Kopf gewaschen wird, aber so etwas…? Vielleicht hat man in den letzten Jahren immer noch mitgemacht, gerade was die journalistische Arbeit anging, weil man dachte, wenn jemand anderes das macht, dann wird es noch schlimmer. Wenn Karrierismus und Gewissenlosigkeit ins Spiel kommen, dann werden auch die dümmsten Meldungen weitergegeben. Ich bin damals nicht aus der Partei ausgetreten,

---

[104] Zentralkomitee hatte zwei Bedeutungen, einmal bezogen auf die gewählten Mitglieder des Führungsgremiums der SED zwischen den Parteitagen, andererseits ist damit das Gebäude in Berlin gemeint, in dem das Zentralkomitee seinen Sitz hatte. Dort konnten an die Mitarbeiter des Zentralkomitees Schreiben gesandt werden.

[105] Unklar ist, ob hiermit nur das Ausland gemeint ist, das nicht zum Ostblock gehörte, oder allgemein die Reiseerlaubnis in dienstlichen Zusammenhängen in andere Länder des Ostblocks.

weil ich mir sagte, du musst versuchen dazu beizutragen, dass es besser wird und besonders in ähnlichen Fällen. Die Staatsparole hieß doch: „Alles für das Wohl des Volkes."[106] Das ist doch ein menschliches Ziel. Ich hatte gehofft, dass das Korrupte, wie ich es jetzt erlebte, dass es das nicht überall in der DDR so gibt. An meinem Mann sollte damals ein Exempel statuiert werden. Ich wollte das nicht wahrhaben. Als ich merkte, das geht immer mehr in die schlimme Richtung, habe ich mir gesagt, Du schmeißt nicht das Handtuch. Ich konnte mich doch nicht vom Weg des Sozialismus abbringen lassen. Ich war Mitglied der Partei. Ich habe stets mein Möglichstes versucht, etwas zu verändern. Ich habe immer noch gedacht, ich schaffe es mit anderen Genossen, den guten. Das kann doch nicht die Partei sein. Die Parteibasis müsste sich eigentlich gegen das Politbüro verbünden. Von der Friedensbewegung kannte ich keinen. Vielleicht habe ich mich auch nur vor dem kurzen Weg von mir zu Hause in die Gethsemanekirche gescheut. Ich hoffte auch, dass die Menschen, die in der Redaktion zum Nachteil der Partei wirkten, dass die sich änderten. Man muss den Menschen auch annehmen können. Sicher habe ich mir da etwas vorgemacht. Ich wäre sicherlich auch ein guter Christ geworden, weil die dem Menschen auch immer die Chance geben, sich zu ändern.

In den letzten Jahren haben wir viel in der Redaktion diskutiert. Wir hatten einmal sogar vorgehabt, die Arbeit zu verweigern, um so wenigstens eine Medienreform anzuschieben. Vielleicht wäre das ein Fanal gewesen und es hätte vielleicht Kettenreaktionen im ganzen Land gegeben. Die allgemeine Stimmung war ja schon so. Es gab bereits diese Bewegungen. Das ist jedoch im Sande verlaufen. Wir haben schließlich nicht mal mehr an eine Palastrevolution geglaubt. Das war alles schon so festgefahren, dass wir uns manchmal überhaupt nicht mehr vorstellen konnten, wie man da wieder herauskommen könnte. Honecker hatte immer behauptet, dass unsere Bevölkerung über ein hohes sozialistisches Bewusstsein verfügte. Dann hätte man ihr aber auch alles sagen können, was die Probleme im Land betrifft. Es war ein Hohn! In den letzten Jahren hatte sich sogar eine dreifache Zensur herausgebildet. Einmal in einem selbst, dass man sich gesperrt hat etwas zu schreiben, wenn es hätte Ärger bringen können und unnötige, ergebnislose

---

[106] Auf dem VIII. Parteitag 1971 hatte Erich Honecker seine Rede mit diesen Worten eröffnet, um sich damit bei seinem ersten Auftritt nach der Ablösung von Walter Ulbricht von diesem programmatisch abzuheben, der die Wirtschaftsleistung in den Vordergrund gestellt hatte.

Auseinandersetzungen. Dann kamen immer die Vorgesetzten in die Redaktion – je nach Mentalität und persönlichem Profil. Und dann gab es noch das Zentralkomitee als Zensurebene. Wir haben immer vom Sozialismus gesprochen. Aber es war gar keiner, nicht mal in der Wirtschaft. Sozialismus muss laufend im Prozess verändert werden.

Als es mit der Ausreisewelle über Ungarn[107] anfing, dachte ich sofort, es geht um die Existenz. Auch Freunde von uns sind damals weg, Freunde, auf die man gebaut hatte. Ich war aber auch erschrocken, mit welcher Naivität viele damals gingen. Ich war nicht enttäuscht, denn wir haben sie mit hinausgetrieben. Ich war entsetzt, dass unser Staat bis zuletzt versuchte, dies anderen in die Schuhe zu schieben. „Wir weinen denen keine Träne nach!"[108]

In der Nacht vom siebenten zum achten Oktober[109] habe ich dann zum ersten Mal staatliche Gewalt gegen das eigene Volk erlebt. Da wir in der Nähe der Schönhauser Allee wohnen, haben sich einige Demonstranten in unser Haus geflüchtet. Wir haben sie vor der Polizei und Staatssicherheit in unserer Wohnung versteckt, auch zwei Journalisten aus dem westlichen Ausland. Als die vor unserer Tür standen mit ihrem Presseschild an der Kleidung, haben wir sie nicht abgewiesen, auch wenn damit unsere Existenz auf dem Spiel stand, haben Westpresse in unserer Wohnung vor den Staatsorganen versteckt. Das hätte damals noch genügt. Wie es einmal kommen würde, war noch nicht abzusehen. Ich habe damals, als sie vor unserer Tür standen, die entscheidende Konsequenz gezogen. Vor unserem Haus warteten an diesem Abend auch die Kampfgruppen der Betriebe[110] auf ihren Einsatz. Ich habe

---

[107] Im Sommer 1989

[108] In einem Artikel im Neuen Deutschland vom 2.10.1989 war als Kommentar zu der Mitteilung der Ausreisegenehmigung für ostdeutsche Flüchtlinge in der Prager Botschaft nach Westdeutschland zu lesen: *„Sie alle haben durch ihr Verhalten die moralischen Werte mit Füßen getreten und sich selbst aus der Gesellschaft ausgegrenzt. Man sollte ihnen deshalb keine Träne nachweinen."*

[109] 1989, es ist die Nacht nach den Feierlichkeiten zum 40. Jahrestag der DDR. Die Polizei ging dort mit Gewalt gegen Demonstranten vor. Polizei mit Helmen, Schutzschilden und Schlagstöcken war zuvor nicht auf DDR-Straßen zu sehen gewesen.

[110] Von 1954 an wurden in größeren Betrieben paramilitärische Einheiten aus Angestellten gebildet, deren offizielle Aufgabe es war, die Betriebe zu sichern. Sie waren mit militärischem Gerät meist älterer Bauart ausgerüstet.

gedacht, da könnte dein Kollege soundso dabei sein. Die hätten mich verhaften können. Insgesamt war dieser Abend voller Unrecht.

Seit dem Parteiausschmiss meines Mannes fühlte ich mich immer gespalten. Nach der Wende hatte ich erst versucht, im Wohngebiet tätig zu werden. Doch traf ich dort nur auf die alten Genossen, die mich zum Teil nicht mal mehr gegrüßt hatten, als mein Mann aus der Partei flog. Da bin ich aus erneuter Enttäuschung dann ausgetreten. Ich hatte auch dies lange noch einmal überlegt, doch dann habe ich resigniert. Vielleicht war es zu früh, doch ich habe es wie eine Befreiung empfunden.

Ich meine jetzt gerade als Journalist, wenn man seine Meinung abgibt, dann kann die gefärbt sein, aber man muss politisch ungebunden sein, damit man sich nicht selbst korrumpiert. Als Parteimitglied und Journalistin – man sollte ja stets Parteijournalist sein – stand man immer zwischen Baum und Borke. Das Menschliche ist außerhalb einer Partei vielleicht doch leichter zu bewahren. Der Apparat erdrückt das so schnell.

Wir bekommen jetzt das, was wir verdient haben. Die ganze Missachtung der Partei gegenüber dem Volk erhalten wir zurück. Wir haben immer nur zu viel im kleinen Kollegenkreis und privat diskutiert. Das war dann manchmal ein Ventil. Der Sozialismus ist gescheitert, weil wir es nicht vermocht haben, die Idee den Menschen näher zu bringen, dass es sich zum Beispiel lohnt, für die Errichtung von Kindergärten zu arbeiten. Bei uns war immer alles so abstrakt. Wir haben nicht die Wahrheit gesagt. Wir hätten sie sagen müssen. Die Wahrheit ist, so bitter das klingt, immer das Beste. Nur so kann man versuchen, sich aus dem Schlamm zu ziehen. Die größten Fehler der Partei waren ihre Arroganz und ihr Voluntarismus[111]. Eine Gruppe von Leuten hat sich Dinge ausgedacht und bestimmt, dass das dann der Weg zu sein hatte. Die Basisdemokratie jetzt nach der Wende kann und wird nicht bleiben. Es liegt am Menschen, dass er korrumpierbar ist durch das Materielle, seinen Bauch.

Den großartigen Versprechungen jetzt kann ich einfach nicht glauben, auch weil wir vielleicht besondere Angst haben, weil wir immer gelernt haben,

---

[111] Benutzt als Begriff, der politisches Wunschdenken beschreibt, indem eine Gesellschaft willentlich entgegen von Notwendigkeiten gestaltet wird.

dass der Kapitalismus der böse Wolf ist. Wir verfügten über soziale Sicherheit. Um die Mieten zittere ich. Aber vielleicht übernehmen die im Westen unsere Krippen und unser Kindergartensystem.

Ich fühle mich mitschuldig. Wer in der Partei war, ist mitschuldig. Ich fühle mich ebenso etwas missbraucht. Ein echtes Gebrauchtwerden hätte bedeutet, dass ich in meiner Arbeit auch von mir selbst aus etwas unternehme, recherchiere, schreibe. Als Journalistin habe ich zur öffentlichen Meinungsbildung beigetragen oder eben auch gerade nicht. Wenn ich jetzt jemanden die Bildzeitung lesen sehe, kann ich mich nicht darüber erheben. Wir haben es nicht vermocht, solche Zeitungen zu machen, dass man heute so etwas erst gar nicht anrührt.

Der Lehrer

Bernhard S, neununddreißig, gelernter Mechaniker, Abitur, Pädagogikstudium, arbeitet als Lehrer, verheiratet, zwei Kinder, SED seit 1976, Austritt im November 1989, Parteigruppenorganisator und Parteileitungsmitglied

Das Gespräch wurde im März 1990 geführt.

Das erste Mal wurde ich für die SED in meiner Lehrlingszeit geworben. Ich habe damals wirklich abgelehnt, weil ich mich unreif fühlte, weil ich nicht wollte. Vom Elternhaus her hatte ich eine parteiliche, aber keine parteiische Erziehung. Meine Eltern sind und waren keine Mitglieder irgendeiner Partei. Sie standen der DDR allerdings immer sehr loyal gegenüber und haben als Intelligenzler in diesem Land mitgearbeitet. Ich lehnte einen Parteieintritt als Achtzehnjähriger ab, weil ich mich mit der Parteipolitik nicht richtig identifizieren konnte.

Nach meinem Pädagogikstudium 1976 erfolgte eine verstärkte Werbung von Kandidaten für die Partei anlässlich des neunten Parteitages der SED. Ich war zu der Zeit Absolvent und an einer Schule und wurde geworben. Es war für mich die Zeit des Aufbruchs, des Elans. Es war die Zeit nach dem Grundlagenvertrag zwischen der DDR und der BRD, nach Helsinki. Die Träume der Entspannung blühten. Der Weg der DDR unter Honecker erschien mir in jenen Jahren als junger Mensch ein fruchtbarer Entwicklungsweg zu sein. Durch die gezielte Werbung der Schulleitung bin ich diesen Weg aus der Tatsache heraus gegangen, dass ich mir überlegt hatte, was eigentlich gegen eine Mitgliedschaft spräche, wenn die Partei als ihr oberstes Ziel die Friedenssicherung und die Sozialpolitik sieht. Es waren wohl kaum Karrieregründe und einige hatten mir auch abgeraten. Es war ein Schritt aus innerer Haltung heraus. Die mir abgeraten hatten, warnten mich schon damals vor den Prinzipien und Normen der Parteipolitik des angeblich demokratischen Zentralismus[112], den ich im Nachhinein als einen der größten

---

[112] Das Prinzip des „demokratischen Zentralismus" wurde von Lenin in der Schrift „Was tun?" entwickelt. Es enthielt die Elemente hierarchische Ordnung des Parteiapparates, Disziplin und Rechenschaftspflicht der Leitungen. Der Zusammenschluss von Kritikern war als Fraktionsbildung in der SED verboten.

Fehler der Partei betrachte. Es war ein Zentralismus, der in absoluter Diktatur und Hierarchie gipfelte.

Ich kam dann zur Armee. Dort hatte ich zum ersten Mal den Entschluss gefasst, wenn die Partei im wirklichen Leben so ist wie in der Armee, dann musst du sofort austreten. Das war aber nicht so. Die hierarchischen Strukturen in der Partei waren außerhalb der Armee nicht so durchsichtig. Ich bin nach der Rückkehr von der Armee beim Einsatz in der Schule vor die Frage gestellt worden, ob ich Verantwortung in der Partei übernehmen würde und ich habe mich dazu bekannt, weil ich in dieser Zeit die Gefahr des Eskalierens der Politik in einen Krieg sah und mit meiner Person etwas gegen die Gefahr der NATO-Nachrüstung, die Stationierung der Mittelstreckenraketen tun wollte. Ich hatte das gesehen als einseitigen Schritt der NATO vor dem Warschauer Vertrag. Ich war begeisterungsfähiger Anhänger Breschnews[113], weil mir Breschnews scheinbarer Kampf imponiert hatte, wie er versuchte, das militärische Gleichgewicht zu erreichen[114]. Die NATO-Stationierung verurteile ich heute noch.[115] Ich habe in meiner Parteiarbeit versucht dagegen aufzutreten, indem ich ideologisch arbeitete auch mit meinen Schülern im Unterricht. Ich wurde Parteigruppenorganisator und Leitungsmitglied, musste aber schon in dieser Zeit feststellen, dass meine Arbeit von den höheren Gremien nicht so gesehen wurde, wie ich es sah. Es gab große Auseinandersetzungen und den Ausspruch von Parteistrafen. Ich war zum Beispiel gegen den Formalismus der Parteipolitik in kaderpolitischen Fragen[116] aufgetreten. Diesem Dogmatismus fühlte ich mich nicht gewachsen und erhielt dafür ein Parteiverfahren. Einmal hatte ich im Deutschunterricht die Frage diskutieren lassen: Werden wir durch unser Schulsystem zu Ja-Sagern erzogen? Dafür wurde ich mit einer Parteistrafe

---

[113] Leonid Iljitsch Breschnew war von 1964 bis zu seinem Tod 1982 Partei- und Staatschef der Sowjetunion.

[114] Das bezieht sich auf die SALT II-Verträge, die 1979 von den USA und der Sowjetunion unterzeichnet wurden und eine Begrenzung der Anzahl der Atomwaffen definierten. Der Vertrag wurde allerdings nie vom US-Senat ratifiziert.

[115] Von 1983 an wurden neuere und auch zusätzliche Atomwaffen in der Bundesrepublik stationiert, was im ohnehin politisierten (und auch militarisierten) Alltag der DDR mit Sorge registriert wurde.

[116] In Fragen der Förderung einzelner Genossen der SED

„belohnt". Meine Konsequenz war der Rückzug aus der Leitungsarbeit in der Partei.

Anfang der achtziger Jahre nahm der Dogmatismus in der Partei durch ihren hierarchischen Aufbau und den Machtmissbrauch der an führender Stelle sitzenden Genossen durch deren Leitungsprinzipien zu, die in keinster Weise demokratisch waren. Für mich erschienen die siebziger Jahre demokratischer, weil ich jünger war, mehr Illusionen hatte und erst erkennen musste, wie dogmatisch die Partei ist. Ich habe mich immer mehr zurückgezogen ohne einen Grund zu sehen zum Austritt, weil ich noch nicht so weit weg war von der Partei und ihren Zielen, derentwegen ich eingetreten war und die immer noch so waren.

Im Unterricht habe ich aber versucht, die Aufbereitung der Geschichte in strategisch-taktischer Struktur so widerzuspiegeln, dass ich das Friedensengagement der SED und der DDR verdeutlichte und Einsichten in die Entwicklung der DDR-Geschichte wiedergeben wollte. Umsetzen musste ich dies mit der Literatur, die uns Lehrern zur Verfügung stand. Ich habe es versucht mit den Mitteln, die unsere Geschichtsschreibung propagierte, war aber bemüht um eine realistische Geschichtsbetrachtung, die objektiv von heute aus gesehen durch Unwissenheit gefüllt und positioniert war.

Dringeblieben in der Partei bin ich in den Folgejahren letztlich aus einer Position heraus, die ich rundweg als opportunistisch bezeichnen muss. Hingehalten hat mich noch die Auffassung, dass man in der Partei sicher mehr mit Kritik erreichen kann als außerhalb. Der entscheidende Punkt, dass diese Meinung nicht zu halten war, kam für mich mit dem „Sputnik-Verbot"[117]. Ich habe aber das Parteibuch aus Angst vor Konsequenzen für meinen Beruf nicht hingelegt. Das größte Unverständnis gegenüber der Partei hatte ich bei den Massenauswanderungen.[118] Bei Wiederaufnahme der Schultätigkeit im September wollte ich dann endlich austreten. Ich wartete dann doch noch ab, da ich dachte, dass vielleicht der nächste Parteitag die entscheidende Wende bringt. Nach Bekanntwerden der haarsträubenden Manipulationen und Bereicherungen hat mich dann nichts mehr in der Partei

---

[117] Das Verbot der sowjetischen Zeitschrift erfolgte im Jahr 1988.

[118] Vom Sommer 1989 an durch die offene österreichisch-ungarische Grenze

gehalten.[119] Ich bin ausgetreten, sonst hätte ich mich nicht mehr im Spiegel ansehen können.

Zwischendurch hatte ich in den letzten Jahren manchmal die Hoffnung, dass die Partei sich ändern könnte, zum Beispiel als Honecker in die BRD reiste.[120] Durch Lug und Trug in der DDR zur selben Zeit zerschlug sich dies sofort wieder. Man hatte sich an einen Strohhalm geklammert, der wie ein Stück Hoffnung war. Die Politik entsprach nicht den Interessen der Werktätigen und ich wollte nicht mehr dafür einstehen. Ich dachte bis dahin, wenn ich kann, muss ich etwas tun, was den Interessen der Menschen des Landes entspricht. Inzwischen musste ich aber sehen, dass ich keine Chance hatte in der Partei eine fundierte Kritik mit Folgen zu üben, dass ich zwar die Kraft hatte dagegen zu argumentieren, aber nie die Kraft so entscheidend aufzutreten, dass das Ding damit gestorben wäre. Ich fühle mich grundsätzlich betrogen, politisch und ökonomisch, sozial nicht in diesem Maße. Die soziale Absicherung war ja zum Teil da, zum Beispiel die Wohnung und so weiter.[121] Politisch war bei uns ein System der Verunsicherung aufgebaut worden bis hin zur Lüge, dem man in keiner Weise mehr entsprechen kann, ein System, das mich mitschuldig gemacht hat, junge Menschen so zu erziehen, dass der Sozialismus das höchste Ziel der Menschheit sein sollte. Zu diesem Ideal kann ich heute noch stehen. Ideale sind Ideale, die von Menschen umgesetzt werden müssen und auch teilweise umgesetzt wurden. Der real existierende Sozialismus ist jedoch nicht möglich, nicht machbar. Wenn ein Politiker wie Honecker, der selbst im Zuchthaus[122] war und Leid kennengelernt hatte, sich zu so einem Diktator und zu so einer Lebensweise hochspielen konnte, so ist der Begriff Sozialismus und erst recht

---

[119] Vor allem am 1. Dezember 1989 wurden private Vorteilnahmen der DDR-Führung bekannt.

[120] Erich Honecker besuchte am 7. September 1987 die Bundesrepublik zu einem „Arbeitsbesuch". Dabei kam es zu einem Treffen mit dem Bundeskanzler Helmut Kohl, der ihn mit militärischen Ehren empfing.

[121] Die Wohnungsmieten in der DDR wurden nie erhöht und entsprachen dem Niveau von 1936. Eine Warmmiete entsprach so nicht selten einem Achtel oder Zehntel des monatlichen Einkommens. Die Kehrseite dieser Politik war ein sehr schlechter Zustand der Bausubstanz.

[122] Von 1935 bis 1945 war Erich Honecker wegen seiner illegalen politischen Widerstandsarbeit inhaftiert worden, davon verbrachte er acht Jahre im Zuchthaus.

der Begriff Kommunismus für mich aus der Begriffswelt verschwunden. Der Begriff Kapitalismus ist verdammt einseitig formuliert worden. Seine positiven sozialen und politischen Seiten wurden vernachlässigt, sodass ich mich betrogen fühle. Schon über die Hälfte meines Lebens hatte ich Einbußen, materielle und auch ideelle, da ich zum Beispiel vieles nicht kennenlernen konnte.

Der real existierende Sozialismus ist gescheitert an Korruption, an seinen dogmatischen und nicht demokratischen Auslegungen, nicht an den Menschen, die etwa zu faul waren. Vielleicht wäre eine Umsetzung möglich gewesen, wenn die Herrschenden nicht korrupt gewesen wären. Aber ich kann mir nicht vorstellen, dass jemand, der die Macht hat, nicht dadurch korrupt wird. Jeder Sozialismus ist daran gescheitert.

Heutzutage ist der Sozialismus auch in der Sowjetunion am Ende. Stalinismus und Breschnewismus sind Spielarten diktatorischer Verhaltensweisen. Ich kann mir keine andere soziale Utopie vorstellen, als wie sie heute in anderen hochentwickelten Industriestaaten möglich ist, zum Beispiel in der BRD, in Schweden… Man hätte, so man es mit dem Sozialismus probieren wollte, sich zunächst auf Lenin orientieren und Parteiarbeit organisieren müssen, die aber demokratischen Charakter hat, keinen zentralistischen. An der Parteiarbeit bei uns hast du nie rütteln dürfen. Ich habe es versucht und bin aufs Maul gefallen. Die Schlüsselpositionen Kritik, Selbstkritik und Disziplin[123] in der Partei waren so einschläfernd langweilig, dass man sie hätte ausfallen lassen können. Dass die Partei Mitgliedsbeiträge zu Jubelfesten oder zur Bereicherung der Oberen benutzte, ist so erschütternd, dass man gar nichts dazu sagen kann. Man kann jetzt nur konsequenterweise austreten, denn unmittelbar nach der Wende ist es immer noch die alte SED. Sie hat sich nur gradweise gewandelt, zum Beispiel die Namensgeschichte SED-PDS.[124] Sie hat Milliarden so einfach abfließen lassen können. Die Wende hat Gysi[125]

---

[123] Anspielung auf das Prinzip des „demokratischen Zentralismus"

[124] Der Doppelname SED-PDS war am 17. Dezember 1989 entstanden, da sich eine Mehrheit von SED-Genossen nicht der Verantwortung für das Geschehene entziehen wollte durch eine Umbenennung der Partei.

[125] Gregor Gysi: Zu DDR-Zeiten ein der Allgemeinheit unbekannter Anwalt, der ab dem 4. November 1989 als ein Kritiker des juristischen Systems und der SED-Führung auftrat und sehr schnell populär wurde, da er die Dinge so benannte, wie sie von vielen enttäuschten SED-Basis-Mitgliedern empfunden wurden.

sicher gewollt, aber nicht geschafft. Ich hätte es als gut empfunden, wenn sie sich aufgelöst und neugegründet hätte, weil dann ihre profilierten Politiker in anderen neuen Parteien hätten neu wirken können, zum Beispiel Modrow.[126] Mit einer neuen, grundsätzlich neuen Partei hätte sie sich mit wenigen Prozenten als ein kleiner Koalitionspartner beteiligen können und die guten Politiker sich weiter profilieren.

Ich glaube, dass die PDS in der Kommunalpolitik eine Chance hat, in der gesamten DDR-Politik vorläufig nicht. Das Erbe wird sie zunächst mit sich herumtragen. Ihr Weiterexistieren kann aber vielleicht Berechtigung im linken Spektrum haben.

Was jetzt passiert, ist der Versuch einer Demokratie. Dabei gelingt die Demokratie bei weitem noch nicht. Dieser Demokratie wird viel zu viel von außen hereingeredet. So existieren zu viele Fehler der jungen Parteien, Unüberlegtheiten, Demagogien bis hin zur Unreife. Unser demokratisches Spektrum an Parteien überflügelt sogar die Weimarer Republik.[127]

Die größten politischen Fehler in der DDR waren sicher neben den verhängnisvollen Entscheidungen in der Wirtschaft die Jubelfeiern im Oktober und die Berichterstattung allgemein in den Medien, eine katastrophale Medienpolitik voller Machtheroismus.

Ich fühle mich eindeutig mitschuldig an der Erziehung junger Menschen zu falschen Einsichten aus einem Gefühl heraus, subjektiv das Richtige zu wollen. Objektiv war es aber falsch. An alten Idealen, insbesondere sozialen, hafte ich noch. Politisch werde ich mich nicht mehr an eine Partei oder Organisation binden, grundsätzlich nicht, weil ich meine Dienste schon einmal für falsche Inhalte geleistet habe aus Leichtgläubigkeit in schnelllebiger Zeit.

Politisch bleibe ich ein denkender Mensch. Diese Meinung orientiert sich an sozialpolitischen Belangen. Die Wahl[128] war für mich die Wahl des kleineren

---

[126] Hans Modrow war ab dem 13. November 1989 letzter Ministerpräsident und damit Staatschef der DDR. Durch sein ruhiges und bescheidenes Auftreten erwarb er sich Anerkennung.

[127] Eine Reihe kleinerer Parteien hatte sich gegründet, parallel dazu aber auch schon Parteien in Anlehnung an das politische Spektrum in der Bundesrepublik.

[128] Am 18. März 1990 fand eine Wahl zur Volkskammer der DDR statt. Es siegte die ostdeutsche CDU unter Lothar de Maizière. Das Wahlergebnis half den Weg zur

Übels, da die DDR aus sich heraus kaum überlebensfähig ist. Sie braucht einfach Hilfe. Die bringt die BRD, die wir leider immer nur als Klassenfeind sahen. Dort sind auch viele realistische Kräfte am Wirken.

Ich wünsche mir in der Zukunft das Recht auf Arbeit, gesicherte Arbeitsplätze, die Lösung von Umweltproblemen, die Integration der DDR in ein Haus Europa mehr als in eine BRD. Und ich wünsche mir für die Zukunft ein Stück soziale Sicherheit auch für meine Kinder: Lehrausbildung, Schule. Ich wünsche mir, dass wir wohlstandsmäßig steigen und dass wir nicht das Kreuzberg hinter Kreuzberg werden. Was meine Erwartungen angeht, bin ich pessimistisch. Als Realist sehe ich, dass es am Anfang Einbußen in unserem Leben geben wird. Aber ich hoffe, dass wir in fünf Jahren besser leben werden als heute. Aber das wird nicht sofort kommen. Ich erwarte nicht, dass mit der DM-Einführung der große Lebensstandard einzieht.[129]

---

schnellen deutschen Einheit zu ebnen. Die SED-Nachfolgepartei PDS wurde die drittstärkste Partei. Das Gespräch mit dem Lehrer muss kurz nach der Wahl stattgefunden haben.

[129] Am 1. Juli 1990 wurde die D-Mark in der DDR eingeführt.

Der Außenhändler

Bruno K., siebenundsechzig, Kaufmann, Lehre vor 1945, von 1948 bis 1958 in der Kasernierten Volkspolizei, dann in der Nationalen Volksarmee, Major, 1960 bis 1965 Studium an der Hochschule für Ökonomie, Diplomwirtschaftler, jetzt Rentner, in der SED von 1948 bis Dezember 1989. Parteileitungsmitglied, mindestens fünfzehn Jahre Propagandist im Parteilehrjahr, verheiratet, zwei Kinder.

Das Gespräch wurde im März 1990 geführt.

Ich stamme aus einer armen Familie. Beide Eltern stellten Kunstblumen her. Während meiner gesamten Schulzeit war mein Vater arbeitslos. Die Mutter übte Gelegenheitstätigkeiten aus. Diese unglaublich schwierige Erwerbssituation beeinflusste die gesamte Existenz der Familie. Hunger oder zumindest Not gab es oft. Es reichte mitunter nicht einmal zu Brot. Ich erinnere mich an ein Erlebnis, als mich meine Mutter zum Brotkaufen schicken wollte und dann sagte: Du brauchst nicht zu gehen, es ist kein Geld da. Das kleine Häuschen, das wir hatten, stammte von Vaters Eltern. Als Junge musste ich mehrmals in der Woche mit meinem Vater in den Wald gehen, um dürres Holz für den Winter zu sammeln und Baumstümpfe zu roden, da für Kohle kein Geld da war. Natürlich wäre ich stattdessen lieber auf den Sportplatz gegangen, aber ich kam nicht auf die Idee, dem Vater etwas abzuschlagen. Vater hat mich, als ich neun war oder zehn, zu Versammlungen der Sozialdemokraten oder Sozialisten mitgenommen. Wir waren so einmal vor 1933 in Sebnitz[130], als Ernst Thälmann dort sprach. Eine riesige Menschenmenge hatte ihn unheimlich bejubelt. Ich war aber zu jung, um etwas von dem, was er sagte, zu verstehen. Die Männer gingen mit hochrotem Kopf nach Hause.

Wir lebten in der Tschechoslowakei[131] nahe der deutschen Grenze und gehörten zur deutschsprachigen Minderheit. Wo wir wohnten, waren fast

---

[130] Stadt in Sachsen, die seit dem 19. Jahrhundert bekannt ist für die Herstellung von Kunstblumen.

[131] Die Tschechoslowakei existierte von 1918 bis 1939 sowie von 1945 bis 1992 und umfasste Gebiete der heutigen Tschechischen Republik, der Slowakischen Republik und Teile der Ukraine.

überall Deutsche. Der Lehrer, der Unterricht, einfach alles war deutsch. Es gab für uns eine beispielhafte Souveränität.

Im Ort existierte ein Turnverein[132] mit der Möglichkeit, kostenlos Sportgeräte zu nutzen und sich in vielen Disziplinen zu betätigen. Nach der Machtergreifung der Faschisten in Deutschland kam der deutsche Turnverein in der Tschechoslowakei unter den Einfluss der Henlein-Faschisten[133] und betätigte sich politisch gegen den tschechoslowakischen Staat. Auf Wunsch meines Vaters bin ich dann aus dem Turnverein ausgetreten, obwohl ich die Zusammenhänge nicht ganz verstand. Später als Lehrling erlebte ich dann die Zusammenstöße zwischen den Linken und den Henlein-Faschisten.

Ich hatte einen älteren Bruder, der als Autodidakt sich Ende der zwanziger Jahre ein Radio gebaut hatte. Viele Gesinnungsgenossen meines Vaters kamen in unsere Stube, um Radio zu hören und zu diskutieren. 1938 gab es leider auch bei uns im Ort viele, die brüllten: „Wir wollen heim ins Reich!" Andersdenkende haben deren Terror zu spüren bekommen. Meine Familie gehörte dazu. Die Tschechen hatten sich auf eine Verteidigungslinie zurückgezogen, als sich die Situation zuspitzte.[134] Plötzlich lebten wir im Niemandsland. Die Henlein-Leute begannen daraufhin sofort die Macht auszuüben. Sie betrachteten die Grenze zum Deutschen Reich nun als offen und holten alle ab, die ihnen als Gegner ihrer Politik bekannt waren, unter anderem meinen Vater und meinen Bruder. Unter dem Vorwurf Tschechoslowakenknechte zu sein, wurden beide für ein Jahr in ein Gestapo-Gefängnis gebracht. Dann ließ man sie wieder frei. Jedenfalls hat mich das alles so geprägt, dass ich für den Faschismus absolut nichts übrig hatte. Mein Lehrherr erwies sich aber als ein großer Anhänger der Faschisten und zwang uns Lehrlinge in die Hitlerjugend einzutreten. Als die Lehre 1940 endlich beendet war, bin ich sofort von dieser Firma weg und nach Berlin. Ein halbes

---

[132] Turnen galt im Gegensatz zu Fußball als Arbeitersport. Daher versuchten die Nationalsozialisten besonders in die Turnvereine einzudringen.

[133] Konrad Henlein (1898-1945) gründete 1933 die Sudetendeutsche Heimatfront, 1935 umbenannt in Sudentendeutsche Partei, und unterstellte sich ab 1937 Hitler. Er organisierte 1938 in der Tschechoslowakischen Republik Aufstände und wurde nach der Besetzung durch Deutschland Gauleiter des Reichsgaus Sudetenland.

[134] Vermutlich sind die von Henlein organisierten Aufstände im Herbst 1938 gemeint.

Jahr später wurde ich zum Reichsarbeitsdienst und ab 1942 zur Wehrmacht einberufen.

Ich wurde Soldat an der Ostfront[135], in den Kämpfen am Kursker Bogen[136] verwundet und kam nach meiner Gesundung wieder an die Ostfront. Nach Kriegsende musste ich dann dreieinhalb Jahre in einem Bergwerk als Dreher in einer Autowerkstatt in Minsk arbeiten. Wir haben dort ein Opelmodell als Moskwitsch produziert. In den Gefangenenlagern gab es Politschulungen. Es hatte ja schon lange das Nationalkomitee Freies Deutschland gegeben. Meistens waren es Schulungen zur Geschichte der KPdSU. Wer Lust hatte, ging hin – ohne Zwang. Wir waren sehr gegen Propaganda. Es herrschte allgemein eine „l.m.a.A.-Stimmung". Die ersten Jahre der Gefangenschaft waren miserabel. Erst später wurde es ein wenig besser. Die Behandlung durch die Wachmannschaften war mies. Wir hatten sehr wenig zu essen. Aber die russische Bevölkerung hatte noch weniger. Zu uns kam der Brotwagen und jeder erhielt ein bestimmtes Quantum Brot. Wie viel will ich mich heute nicht mehr festlegen. Dieses Stück Brot war uns sicher, ein Schluck Rennfahrersuppe[137] und fünf Gramm Machorka[138]. Das haben wir jeden Tag bekommen. Die Zivilbevölkerung musste sich dagegen ihre Lebensmittel selbst besorgen. Ich weiß, dass sie nicht so regelmäßig versorgt wurde wie wir.

Ab Anfang 1947 wurde es besser. Wir konnten uns von dem Lohn schon mal eine Art Brot kaufen. Wir wurden aufgeschlossener. Im Lager existierte eine eigene Theatergruppe. Für die mussten wir anderen mitverdienen. Aber sie haben uns abends Musik gemacht. Dies wurde auch von der Propagandaabteilung ausgenutzt. Aber die Gefangenen wollten nur ihre Ruhe haben. Mich hat dies auch erst am Ende mehr interessiert.

---

[135] Ostfront: Krieg gegen die Sowjetunion

[136] Der Kampf im Gebiet um Kursk gilt als die größte Panzerschlacht des Zweiten Weltkriegs. Auf deutscher Seite gab es etwa 50 000 Tote. Nach dieser Schlacht übernimmt die Sowjetunion die Initiative im weiteren Kriegsverlauf.

[137] Umgangssprachlich für eine sehr dünne, sehr viel Wasser enthaltende Suppe

[138] Machorka ist der Name von russischem Tabak, der für die selbstgedrehten Zigaretten stand, die die sowjetischen Soldaten geraucht haben.

Ich hatte im Krieg viel Schlimmes gesehen, musste erst zu mir selbst finden. Meinen Kumpel hat es neben mir zerfetzt. Da war nur noch ein Stück Uniform von ihm übrig. Aber der Selbsterhaltungstrieb ist so groß, dass man doch lieber den anderen erschießt, als dass es einen selbst trifft.

Die Tschechoslowakei hat keine Post von deutschen Kriegsgefangenen angenommen. Auf Umwegen habe ich dann erfahren, dass meine Eltern aus ihrer Heimat nicht vertrieben wurden. Es war ihnen nichts weiter passiert, auch meinem Bruder nicht. Später, nach 1945, mussten sie wie die anderen Deutschen auch, die in der Tschechoslowakei bleiben durften, eine weiße Armbinde tragen[139] und sich im Laden immer hinten anstellen, auch wenn sie den ganzen Tag dort standen. Mein Vater hatte ja doch immer das Gute gewollt. Aber viele Tschechen nahmen das nicht wahr, sagten deutsch bleibt deutsch. Meine Eltern wurden enteignet. Aber mein Vater, das ist vielleicht eine Mentalitätsfrage, wollte dort bleiben. Er war dort geboren worden. Erst 1948 haben meine Eltern das Haus wiederbekommen.

Es war auch in jenem Jahr, dass ich während der Kriegsgefangenschaft plötzlich während der Arbeit mit anderen von der Werkbank weggeholt wurde. Ich konnte die Maschine gerade noch ausschalten. Wir sollten entlassen werden, wovon zuvor kaum die Rede war. Das NKWD[140] hatte schon eine ganze Weile in unregelmäßigen Abständen jeden der Lagerinsassen in den NKWD-Bunker geholt und befragt: Name, Vorname, Eltern, Geschwister, ein paar Mal, bis sich jemand versprochen hatte. So haben sie dann auch welche gefunden, die Entsetzliches angestellt hatten.

Über Umwege hatte ich in der Gefangenschaft auch eine Briefverbindung zu meiner Freundin nach Mecklenburg gefunden. Das war mein Anlaufpunkt. Da sollte ich hin entlassen werden. Die Sowjets suchten sich für die Entlassungen zunächst solche aus, die vernünftig gearbeitet haben. Und ich hatte meine Arbeit als Dreher recht gerne gemacht. Das war auch eine Frage der Verpflegungsration gewesen.

---

[139] In polnischen oder tschechoslowakischen Gebieten mussten 1945 dort verbliebene ethnische Deutsche eine weiße Armbinde tragen, die mit einer Aufschrift oder einem Zeichen versehen war, das sie identifizierte. In dem hier geschilderten Fall war es die Aufschrift „Nemec" (Deutscher).

[140] Sowjetische Behörde (Innenministerium), die auch für die Kriegsgefangenenlager zuständig war.

Wir wurden nicht gleich entlassen, sondern kamen erst in ein anderes Lager, wo wir sofort eine Propagandaveranstaltung erlebten. Ein Oberst mit Dolmetscher erklärte uns, dass in der SBZ[141] jetzt solche und solche Verhältnisse wären. Wir hatten ja kein Radio, keine Zeitungen gehabt. Er überzeugte uns, dass in der SBZ das Volk an die Macht gekommen sei und dort alte Nazis für den Beamtenstatus nicht mehr verwendet würden, nicht mehr eingesetzt werden könnten für den Staat. Man bräuchte dringend eine neue Polizei: „Wir, die Sowjetarmee, haben euch herausgesucht, weil ihr ordentlich gearbeitet habt. Ihr sollt der Grundstock für die neue Volkspolizei[142] sein und euch für drei Jahre verpflichten."

Von uns wollte keiner etwas davon wissen. Wir haben alle laut gepfiffen. Der Oberst kam jede Woche wieder. Nach vier Wochen hatten alle unterschrieben. So wurden wir entlassen, kamen am neunzehnten Oktober in Frankfurt/Oder an und wurden dort von einem VP-Inspekteur[143] begrüßt. Ich sage ganz ehrlich, wie viele andere hatte ich auch unterschrieben, weil ich nach Hause wollte. Vielleicht hätte ich in Frankfurt/Oder in der Nacht noch abhauen können. Aber ich habe es nicht versucht, weil ich keinen Anlaufpunkt in Deutschland besaß, nur meine Freundin, die ich fünf Jahre nicht gesehen hatte. Und dann bin ich auch nicht der Typ für so etwas gewesen. Ich habe unterschrieben und mir gesagt, das mache ich, das stehe ich durch. Ich besaß nur das, womit die Sowjets mich entlassen hatten und ich hatte niemanden in der SBZ außer meinem Mädchen, das selber aus ehemaligen deutschen Gebieten ausgewiesen worden war.

Ich trat in die Volkspolizei ein und fand das richtig so nach allem, was ich von achtunddreißig bis achtundvierzig erlebt hatte. Die Arbeiterklasse war nicht stark genug gewesen, etwas dagegen zu tun. Uns wurde die SED vorgestellt als Partei, die zwei Arbeiterparteien vereinigte. Ich habe mich in jener Zeit viel an meine Kindheit erinnert und begriff, dass man für die Polizei nicht die alten Leute nehmen konnte, auch nicht bei den Lehrern, obwohl viele zum Teil ja gezwungen worden waren, dem Faschismus zu huldigen. Heute stehen

---

[141] Sowjetische Besatzungszone. Bezeichnung für das spätere Staatsgebiet der DDR vor deren Gründung, also von 1945 bis 1949.

[142] Bezeichnung für die Polizei in der DDR

[143] VP – Abkürzung für Volkspolizei

wir beinahe vor einer ähnlichen Situation. Wie kann einem das nur zweimal im Leben passieren?

Bereits im September 1948 bin ich in die SED eingetreten, freiwillig. Doch schon in den fünfziger Jahren wurden mir Fälle bekannt, wo die Vergabe bestimmter Funktionen und das Vorwärtskommen vom Beitritt zur SED abhängig gemacht worden war. Ich habe dies verurteilt. Aber kann man einen jungen Menschen verurteilen, wenn er vor solch eine Entscheidung gestellt wird und dabei nicht unbedingt gegen seine eigene Überzeugung verstößt?

Wenn man mir eine Arbeit gibt, dann mache ich sie ordentlich. Und nach einem halben Jahr wurde ich schon Offizier. Nach den drei Jahren wollte ich weg, in meinen alten Beruf. Da hatte man mir ein Parteiverfahren anhängen wollen, wenn ich ginge. Dem Staat zu dienen sei kein Beruf, sondern Berufung hatte man mir gesagt. Zehn Jahre dauerte dies. Erst als ich krank geworden war, fand es die Polizei richtig, mich zu demobilisieren.

Ich hatte mich dann selbst um das Hochschulstudium bemüht und musste zuvor noch die Volksschule absolvieren. Den siebzehnten Juni[144] hatte ich noch als Stabsoffizier im Ministerium für Nationale Verteidigung mit Sitz in der Glinkastraße erlebt, danach begann ich dann im Handel zu arbeiten. Ich war damals fest davon überzeugt, dass das, was in der Stalinallee begonnen hatte mit einer unüblichen Demonstration und dann ausartete, vom Westen gesteuert worden ist. Da genügte, dass der RIAS[145] alle viertel bis halbe Stunde Meldungen brachte. Am Potsdamer Platz brannten am Abend des sechzehnten Juni ein Zeitungskiosk und das sogenannte Columbushaus[146]. Es waren in der DDR Bedingungen herangereift, die die Führung ignoriert hatte. Das sah ich auch als Offizier nicht anders. Vieles war schon überholt. Ich denke zum Beispiel an die Parteiversammlungen 1950/51. Das Präsidium

---

[144] 17. Juni 1953. An diesem Tag fand ein gewalttätiger Generalstreik statt, der gegen die DDR-Führung gerichtet war. Mit der Niederschlagung der Demonstrationen durch sowjetisches Militär wurde die Einbindung der DDR in den Ostblock und die weitergehende Diktatur der SED bekräftigt.

[145] RIAS – Abkürzung für Rundfunk im amerikanischen Sektor. Das Programm konnte auch in Ostberlin und im Umland empfangen werden.

[146] Columbushaus, ein neungeschossiges Gebäude im Bauhausstil, das am Potsdamer Platz errichtet wurde. Nach dem Krieg notdürftig repariert, wurde es am 17. Juni 1953 von Demonstranten gestürmt und in Brand gesteckt, weil sich darin eine Polizeiwache befand. Die Ruine wurde 1957 abgerissen.

wurde gewählt und alles war zuvor organisiert worden. Zwei mussten aufstehen und die Genossen Lenin und Stalin für das Ehrenpräsidium vorschlagen. Alle klatschten und die Büsten wurden nach vorn gestellt.[147] Das ging mir gegen den Strich. So gut war man schon über Stalin informiert gewesen. Aber angenommen, ich wäre aufgestanden und aus dem Raum gegangen, dann hätte das Konsequenzen für meine persönliche Freiheit und auch für meine Familie gehabt. Dafür gibt es Beispiele auch in meinem Bekanntenkreis. Von befreundeten Genossen erfuhr ich auch, dass die Stasi in deren Privatwohnungen herumgeschnüffelt hatte. Unter Gleichgesinnten haben wir vieles kritisiert. Aber offen bin ich dagegen nicht aufgetreten. Und ändern konnten wir daran auch nichts. Es gibt eben Dinge wie im August neunundachtzig, die nur zu einer bestimmten Zeit auftreten können, nicht vorher, nicht hinterher.

In meinem Elternhaus hatte ich zwar erlebt, dass man für seine Überzeugung auch ins Gefängnis geht, doch ich bin nicht der Typ dazu: Ich eigne mich weder zum Helden noch zum Märtyrer.

Ich hatte schon immer viel RIAS gehört, weil die sehr informativ waren. Die haben auch vor dem dreizehnten August einundsechzig jeweils informiert, wie viele die DDR verlassen haben. In einer Woche Dreitausend, dann Viertausend, dann Fünftausend. Das war für die Leute allein schon eine Aufforderung. Genauso sah ich das im Sommer 1989 in Ungarn.[148]

Es gab die Zwangskollektivierung[149]. Wer nicht wollte, ist abgehauen. Man hörte immer nur: „Der und der ist auch weg." Die Kühe standen ungemolken und brüllten. Es wurde in der Versorgung immer komplizierter. Wenn Messe war, gab es in Leipzig Butter. Dann haben wir dort Butter gekauft. Die Regierung hat das auch noch durch eigene Fehler gefördert, dass es der Wirtschaft immer schlechter ging. Zum Beispiel hatten sie Fotoläden eröffnet,

---

[147] Eine übliche rituelle Handlung bei Parteiversammlungen in dieser Zeit.

[148] Gemeint ist vermutlich der 27. Juni 1989. An diesem Tag öffnete Ungarn kurzzeitig die Grenze nach Österreich. Etwa eintausend DDR-Bürger, die Urlaub in Ungarn machten, nutzten dies zur Flucht.

[149] 1960 gab es eine Kampagne „Sozialistischer Frühling", die Druck auf die Bauern ausübte, sich zu größeren landwirtschaftlichen Betrieben (LPGen – Landwirtschaftlichen Produktionsgenossenschaften) zusammenzuschließen. Dies führte dazu, dass zahlreiche Bauern das Land verließen.

damit die Westler bei uns einkauften. Aber es kam zu erhöhten Spekulationen, sodass es dann Fotoapparate nur noch auf Personalausweis gab.

Beim Schließen der Grenze[150] war ich davon überzeugt, dass dies notwendig wurde, um unser Land aufrechtzuerhalten. Die Parteipropaganda sagte, dass die Grenze zu unserem Schutz aufgebaut wurde. Aber spätestens 1964, als die ersten Westdeutschen uns besuchen konnten und wir sie nicht[151], war mir klar, dass dies nicht nur ein Schutz war. Dabei hatte sich unser Staat inzwischen profiliert mit allen Fehlern, hatte sich wirtschaftlich aufgebaut. Ich bin überzeugt, dass die marxistische Gesellschaftsordnung hätte verwirklicht werden können. Das hat mich später so maßlos enttäuscht, dass alles so verspielt wurde. Ich habe den Kapitalismus aus meiner Kindheit in schlimmer Erinnerung. Vieles bei uns habe ich angezweifelt, aber die Grundidee sozialistischer Verhältnisse hielt ich für richtig, nur eben falsch verwirklicht. Ich kenne das aus meiner Arbeit, dass falsche Prämissen in der Wirtschaft gesetzt wurden, dass der Wettbewerb bei uns völlig verlogen war. Ich habe versucht, in meiner eigenen Arbeit das Schlimmste herauszulassen. Wenn es zum Beispiel in einem Jahr zweiundzwanzig Wettbewerbsverpflichtungen gab, dann sollten es im folgenden mehr sein. Die Anzahl war also ein Wettbewerbsziel nicht der Inhalt. Der war aber ohnehin schöngefärbt. Selbstherrliche Entscheidungen von oben und unterdrückte Kritik von unten führten zunehmend zu folgenschweren Entwicklungen. Zur Leipziger Messe mussten Hosenanzüge für Frauen aus der schon fertigen Dekoration wieder herausgeholt werden, weil Ulbricht sie bei seinem Vormesserundgang verboten hatte, da ihm zu viel Stoff darin war. Oder nach dem achten Parteitag[152] sollten 1972 zum Beispiel Textilien in großen Mengen eingekauft werden. Sie wurden aus dem Westen zu hohen Preisen importiert. Der Saal mit den Wirtschaftsleuten raunte, als der Beschluss der Parteiführung

---

[150] Bau der Grenzbefestigungsanlagen (Mauer) am 13. August 1961

[151] Gemeint ist das 2. Passierscheinabkommen zwischen dem Senat von Westberlin und der DDR. Es ermöglichte den Westberlinern, an Feiertagen ihre Verwandten im Osten zu besuchen.

[152] Der VIII. Parteitag der SED fand 1971 statt. Die Ablösung Walter Ulbrichts durch Erich Honecker war begleitet von einer politischen Umorientierung, die „Einheit von Wirtschafts- und Sozialpolitik" genannt wurde. Es wurde weniger Wert auf die Effektivität der Wirtschaft gelegt und mehr auf Konsummöglichkeiten für die Bürger.

verkündet wurde. Aber es wurde importiert. Ich habe auch internationale Widersprüche gesehen, zum Beispiel bei der Raketenstationierung. Angefangen hatten ja eigentlich die Amerikaner.[153] Auch in Prag im letzten Jahr, als hunderte DDR-Bürger in die Botschaft geflüchtet waren, sah ich beide Seiten.[154] Die Mauer hätte eine Grenze sein müssen, keine Mauer nach meiner Meinung.

Die Selbstherrlichkeit der Parteiführung war schlimm. Der KPdSU-Parteitag 1956[155] hatte mich tief beeindruckt. In Wirklichkeit haben aber weder Ulbricht noch Honecker den Personenkult bei uns beseitigt. Als in Ungarn im letzten Jahr der Grenzzaun durchgeschnitten wurde[156], erinnere ich mich, dass ich dachte, das führt zu einer Katastrophe, deren Ausmaß wir noch nicht kennen. Dass die Flüchtlingswelle ständig anstieg, habe ich als die größte Gefahr angesehen.

Ich fand immer mehr, dass die Idee des Sozialismus gut war. Nur die Fehler müsste man weglassen. Es hätte doch möglich sein müssen, die Arbeitsproduktivität so zu steigern, dass sie das Niveau des Westens erreicht. Uns fehlten zwei Dinge, eine bessere Arbeitsproduktivität und keine politische Starrheit. Dass sie die Menschen eingesperrt hatten, konnte ich nur

---

[153] Gemeint ist der NATO-Doppelbeschluss 1979

[154] Durch die offenen Grenzen zwischen Ungarn und Österreich bestand ab September 1989 eine gefahrlose Möglichkeit der Flucht von DDR-Bürgern in den Westen. Die DDR reagierte mit einer drastischen Einschränkung der Reisemöglichkeit nach Ungarn. Daraufhin, aber teilweise schon von August 1989 an, suchten tausende DDR-Bürger in der Prager bundesdeutschen Botschaft Zuflucht, um in den Westen ausreisen zu können. Am 30.9.1989 erlaubte die DDR-Führung den Botschaftsbesetzern die Ausreise in den Westen, wobei die Züge auf dem Weg DDR-Territorium zu passieren hatten, was zu gewalttätigen Tumulten am Dresdner Hauptbahnhof führte, da sich Dresdener darüber empörten, nicht diese Möglichkeit zu erhalten. Die Autonomie der DDR war nur durch ihre Grenzsicherung möglich. Damit befand sich das Land in einer gewissen politischen Zwickmühle, die Handlungsentscheidungen verzögerte bzw. lähmte.

[155] Im Februar 1956 fand ein KPdSU Parteitag statt, der mit Stalins Politik abrechnete und seine Verbrechen benannte. Das führte dazu, dass auch innerhalb der SED weniger dogmatisch gehandelt wurde.

[156] Im Juni 1989 zerschnitten der österreichische Außenminister Alois Mock und der ungarische Außenminister Gyula Horn in einer symbolischen Handlung den Grenzzaun zwischen beiden Ländern.

bis 1964 verstehen. Wenn unsere Führung nur nicht so stur und unbeweglich gewesen wäre! Bei uns wäre mehr herauszuholen gewesen. Es hatte doch Handwerksbetriebe, LPGen[157] gegeben, die gut funktionierten. Man hätte nur den richtigen Anreiz finden müssen, Prämien nicht nur mit der Gießkanne ausschütten dürfen. Den Weg Gorbatschows habe ich von Anfang an richtig gefunden. Er hat es nur im eigenen Land sehr schwer. Was Gorbatschow 1985 zu kritisieren hatte, kannte ich zum Teil noch aus der Kriegsgefangenschaft. Da hatte sich seit vierzig Jahren nichts geändert.

Der erste Dezember 1989 hat mich aber umgehauen. An diesem Tag ist der erste Bericht über die Bereicherungen in der Führung bekannt geworden.[158] Ich hatte das nicht für möglich gehalten. Das hat mich dermaßen erschüttert, dass ich sofort aus der Partei ausgetreten bin. Ich hätte nie geglaubt, dass jemand, der so lange eingesessen hatte, sich später im Leben so vergessen konnte. Schon der sechste Oktober, der Fackelzug der Jugend zu den Feierlichkeiten der Republik[159], war für mich furchtbar gewesen, dass ein alter Mann, Honecker, sich so seine Jugend zurückholen wollte. Da hätten die Jüngeren in der Parteiführung gegen auftreten müssen. Am ersten Dezember aber war für mich das Maß voll.

Umgebracht haben den Staat jedoch nicht die Millionen für die Oberen, sondern die schlechte Wirtschaft. Aber dass sie die Rentner mit nur fünfzehn D-Mark in den Westen reisen ließen, das ist eine bodenlose Frechheit gewesen.

Ich hätte mir gewünscht, dass wir eine starke und handlungsbereite Regierung bekommen, eine auf breiter Basis beruhende, die auch von der Bundesregierung anerkannt wird, dass nicht so auf die Wild-West-Tour die kapitalistischen Unternehmer jetzt bei uns Fuß fassen können. Sie gaukeln

---

[157] Landwirtschaftliche Produktionsgenossenschaften

[158] Am 18. November 1989 bildete sich ein Volkskammerausschuss zur Untersuchung von Amtsmissbrauch und Korruption. Dieser stellte seinen ersten Bericht am 1. Dezember 1989 vor, unter anderem über Jagdgebiete und Urlaubsziele für Mitglieder des Politbüros. Eine Woche zuvor gab es erste Fernsehreportagen über den Lebensstil in der Wohnsiedlung des Politbüros und die Ausstattung dort mit westdeutschen Produkten, die für DDR-Bürger nahezu unerreichbar waren.

[159] Zum 40. Jahrestag der DDR am 7. Oktober 1989

uns ihre Hilfe vor, aber sehen nur ihr eigenes Geschäft. Als erstes werden jetzt sicherlich die Preise deutlich steigen.

Ich hätte mir den Prozess langsamer gewünscht und dass wir unsere Identität dabei behalten sowie Abrüstung um jeden Preis betreiben. Ich hatte mir früher vorgestellt, dass ein geeintes West- und Osteuropa zusammenwirken könnten. Das ist leider auf beiden Seiten verspielt worden, wäre aber bestimmt möglich gewesen. Da es überall verspielt wurde, ist es für mich umso mehr ein Beweis, dass der Sozialismus so, wie er praktiziert wurde, nicht funktioniert hat. Die marxistische Idee wäre eigentlich ideal für die meisten Menschen. Aber die zu realisieren dürfte nun auf Generationen nicht mehr möglich sein. Ob das dann auch Sozialismus genannt wird? Vielleicht erfinden die dann einen neuen Namen. Eines steht für mich fest. Der Kapitalismus wird irgendwann einer neuen Gesellschaftsordnung weichen müssen.

Ich habe ein wenig Angst vor dem, was uns betreffen wird. Ich fühle mich kaum in der Lage, mich dort zurechtzufinden. Auf der einen Seite ist es schön, dass man jetzt reisen kann. Aber ob ich mir dies vom Geld her und von meiner Gesundheit aus leisten kann, weiß ich nicht. Ich möchte meinen Lebensstandard, die Neubauwohnung, das Auto gerne halten.

Ich bin ehrlich beschämt, dass ich, obwohl ich vieles gesehen hatte, das mir missfiel, nicht dagegen aufgetreten bin. Wenn ich keinen aktiven Widerstand geleistet habe, dann habe ich auch nach außen hin so gewirkt. Dann bin ich sicherlich ein Mitläufer gewesen. Wenn das vom ersten Dezember schon vor Jahren bekannt gewesen wäre, dann wäre ich damals auf jeden Fall aus der Partei ausgetreten.

Ich halte jetzt bei den Wahlen[160] auf die SPD, weil ich denke, dass sie den Werktätigen doch am nächsten steht, zum Beispiel Willi Brandt, Walter Momper.[161] Doch die Macht wird trotzdem vom Geld ausgeübt. Ich bin immer noch für eine humane und sozial gerechte Staatsführung oder Entwicklung. Humanismus spielt eine große Rolle für mich, weil der im Stalinismus und Faschismus mit Füßen getreten wurde, ebenso das Soziale,

---

[160] Zur Volkskammer, am 18. März 1990

[161] Willy Brandt, Bundeskanzler von 1969 bis 1974; Walter Momper, Bürgermeister von Westberlin und anschließend von dem wiedervereinigten Berlin von 1989 bis 1991.

weil es Arbeitslose geben wird, egal wie viele und nicht alle von ihnen arbeitsscheu sein werden. Ich hätte Kritik lauter und eher äußern sollen. Jetzt als Rentner ist das vielleicht einfacher. Aber damals hatte ich Verantwortung für die Familie. Da hat man nichts gesagt.[162]

---

[162] Der Interviewpartner verstarb 1992.

Der hauptberufliche Informant

Ingo A., dreiunddreißig, Baufacharbeiter, Abitur, nicht beendetes Studium der Gesellschaftswissenschaften, Informant des Ministeriums für Staatssicherheit in der Oppositionsbewegung vom Anfang der achtziger Jahre bis Frühjahr 1989. Ausstieg auf eigenen Wunsch, seitdem in einem Großbetrieb tätig als Betriebsjournalist[163]. SED seit 1980. Nach Auflösung der Partei im Betrieb im Wohngebiet nicht mehr angemeldet, verheiratet, zwei Kinder.

Das Gespräch wurde im Februar 1990 geführt.

Mein Vater war im Rundfunk Wirtschaftsjournalist. Seit frühester Jugend hat er mich mit politischen Gesprächen und Nachrichten konfrontiert. Mein Vater hatte Probleme mit Frauen. Er ist ein Salonlöwe, sagt meine Oma. Die Bindung vom Vater zu mir war eine Zeit lang sehr eng gewesen, denn meine Mutter war im Gefängnis. Wenn mein Vater auf Dienstreise war, auf Reportagen, hat er mich manchmal mitgenommen. Ihn hat nichts kalt gelassen in der Welt, genauso wenig wie mich später. Ich erinnere mich zum Beispiel an eine Reportage über die Landwirtschaft. Mein Vater ließ die Mähdrescher am Mikrofon vorbei fahren. Das hat mir sehr imponiert, dass er den großen Maschinen sagen konnte, wie sie zu fahren hatten. Manchmal hörte ich meinen Vater im Radio. Dieses war noch Medium Nummer Eins. Ich begann mich für die Welt zu interessieren, für größere, für weitere Zusammenhänge. Es geht mich auch heute noch alles an. Als ich acht war, hat mich mein Vater plötzlich in einem Kinderheim abgeliefert, einen Tag vor Weihnachten, weil ihn die Frau, mit der er damals zusammen war, vor die Frage gestellt hatte, sie oder ich. Das ist eine wichtige Frage, wie man geprägt wird. Im Kinderheim hatte ich eine staatliche Erziehung. Damals gab es noch den Kalten Krieg.

Ein Jahr später wurde ich zur Adoption freigegeben.

Zwei Jahre lebte ich im Kinderheim. Dann hatte ich großes Glück und fand Pflegeeltern. Mein Pflegevater war in der SED, aber kein Mitläufer. Seine

---

[163] In größeren Betrieben der DDR gab es eigene Betriebszeitungen. In der Wendezeit übernahmen die Mitarbeiter dieser kleinen Redaktionen dann auch erste Marketingaufgaben.

Erfahrungen resultierten aus dem Kriegserlebnis. Er war wesentlich älter als mein eigentlicher Vater. Für meinen Pflegevater gab es kaum Zweifel, dass die Kommunisten trotz vieler Fehler die bessere Gesellschaft aufbauten. Er war Panzerfahrer im Zweiten Weltkrieg gewesen und hat mir seine Erlebnisse geschildert. Die Russen hielten ihn für einen SS-Mann, weil sich bei ihm an der Stelle, an der die ihre Blutgruppe eintätowiert hatten, eine Narbe fand. Die Russen hielten ihn in Gefangenschaft für einen Lügner. Eine kommunistische jüdische Ärztin hat ihn dann im Lager befragt und er sagte, dass da noch Splitter von der Kriegsverletzung drin seien. Daraufhin ist ihm gesagt worden, dass man ihn röntgen würde. Nach der Röntgenaufnahme war er sofort in die DDR aus Kriegsgefangenschaft entlassen worden. Mein Pflegevater gab mir viele der Bücher zu lesen, auch sowjetische Memoirenliteratur.[164] Ich war so etwa dreizehn, vierzehn Jahre alt. Die Bücher waren spannend, voll gefährlicher Abenteuer. Das berührte mich schon. Die Prägung und das Feindbild in mir entstanden auch durch diese Literatur. Die Sowjetarmee[165] wurde für mich die gute Sache, auch die Gesellschaftsordnung dort. Mein Pflegevater versuchte mich in ideologischer Hinsicht auf prinzipielle Dinge hinzuweisen, zum Beispiel dass wir die Eigentumsfrage gelöst hätten und dadurch bei uns keiner mehr am Krieg verdienen könne. Ich hatte den Kommunismus bis zu diesem Alter mit Löffeln gefressen.

In der Schulzeit wählte man mich zum FDJ-Sekretär. Aber ich war wohl nie ein typischer Funktionär. Ich war eher ein Widerspruchsgeist. Dieser Geltungsdrang kommt sicher durch Minderwertigkeitskomplexe aus der Heimzeit. Bei FDJ-Versammlungen verzichtete ich auf das Blauhemd[166], schon neunzehnhundertzweiundsiebzig/dreiundsiebzig. Ich hatte was gegen Uniformierung, weil ich lieber auf überzeugte Menschen Wert legte, nicht auf Mitläufer. Wenn die das FDJ-Hemd vor der Versammlung aus der Tasche

---

[164] Mit Memoirenliteratur waren Bücher gemeint, die den Kampf sowjetischer Soldaten im „Großen Vaterländischen Krieg" (Zweiten Weltkrieg) schilderten. Zum Beispiel Konstantin Simonow: „Die Lebenden und die Toten". Berlin 1959. Es kann davon ausgegangen werden, dass jene Art von Literatur viele Leser erreichte, da sie das Unterhaltungsbedürfnis nach Spannung und Abenteuer bedienten. Der o.g. Roman wurde 1963 verfilmt und gelangte 1964 in die Kinos der DDR.

[165] Die Armee der Sowjetunion hieß bis 1946 „Rote Armee". Danach wurde sie in Sowjetarmee umbenannt (bis 1992).

[166] Das Hemd der FDJ-Organisation wurde wegen der dunkelblauen Farbe „Blauhemd" genannt.

holten und danach wieder einpackten, kam mir das Kotzen. Wenn man das Blauhemd anzog, dann musste man es auch auf der Straße tragen können oder man ließ es bleiben. Dass es so viele Mitläufer gab, erklärte ich mir aus der Unvollkommenheit einer großen Anzahl von Erscheinungen, zum Beispiel, dass der Geschichtsunterricht wenig anschaulich war und daher mancher keine gefühlsmäßige Beziehung zu unserem Land entwickeln konnte, obwohl wir gewiss trotz Fehlern in der Außenpolitik immer Friedenspolitik gemacht haben. Als Breschnew damals die Abrüstungsverhandlungen abgebrochen hatte, verhandelte die DDR weiter. Ich war und bin der Meinung, dass man trotz allem in dieser Frage auf sein Land stolz sein konnte.

Während der Lehrzeit hatte ich einen interessanten Banknachbarn. Er kam aus einer christlichen Familie mit hoher humanistischer Bildung. Dem Milieu seiner Eltern zum Trotz war er zu einem gesellschaftlichen Aussteiger geworden.[167] Er hatte frühen Kontakt zu christlichen Friedensgruppen[168]. Er beschäftigte sich mit Lateinamerika, mit alternativen Gesellschaftsmodellen, wollte Kommunen gründen und war Ernesto-Cardenal-Anhänger.[169] Für mich war er ein reizvoller Gesprächspartner. Ich rote Socke ging mit ihm in die Kirche, in die Junge Gemeinde, und vertrat dort die Politik der Sowjetunion in Abrüstungsfragen. Dabei traf ich zum ersten Mal auf für mich verhetzt wirkende intellektuelle Gegner, bei denen ich meinte, dieser oder jener sei unserer Gesellschaftsordnung gegenüber zutiefst negativ eingestellt. Noch viel schlimmer empfand ich, dass zum Teil unsachlich oder zumindest illusorisch an politische Fragestellungen herangegangen wurde. Die DDR setzten sie mit einem militaristischen Land allein deshalb gleich, weil in ihr eine Armee existierte. Tatsache war aber wohl, dass der Sozialismus schon

---

[167] Dieser Satz erscheint widersinnig, da die Opposition in der DDR sich in kirchlichen Räumen entwickelte. Der Interviewpartner formulierte hier eventuell seine damalige Wahrnehmung, dass die frühe Friedensbewegung in der DDR nicht seinen eigenen Vorstellungen von Humanismus entsprach. Es ist anzunehmen, dass die Losungen ihm womöglich nicht begründet genug erschienen angesichts der militärischen Konfrontation der Supermächte, wie er es an anderer Stelle des Interviews ausführte. Humanismus lässt sich abstrakt oder konkret begründen.

[168] Früh bedeutet etwa ab 1979/80. Die Gruppen für Frieden- und Menschenrechte organisierten pazifistisch orientierte Veranstaltungen, parallel zur weiteren Militarisierung der DDR und der Einführung des Wehrkundeunterrichts.

[169] Ernesto Cardenal (geb. 1925): Politiker, Dichter aus Nikaragua, ehemaliger Priester, Kämpfer gegen Diktatur, dann Kulturminister.

aus Finanzgründen stets nachrüstete und nicht wie die NATO versuchte, die Rüstungsschraube anzuziehen. Es gab in der NATO gewiss den Gedanken, die DDR totzurüsten.[170] In der Situation, da im Westen Raketen stationiert wurden, erinnere ich mich, dass jemand in einer dieser Gruppen forderte, in der DDR sämtliche Waffen als ersten Schritt zum gesamteuropäischen Frieden abzuschaffen. Ich empfand dies schon immer, besonders aber in der Situation zu Beginn der achtziger Jahre als geradezu abenteuerlich. Dies hätte bedeutet, dass das Gleichgewicht in Europa gefährdet gewesen wäre. Mit der DDR wäre der Sozialismus gefallen. Ich diskutierte, konnte mich aber nicht durchsetzen. Man war kaum bereit mir zuzuhören. Ich wurde bei denen in eine Schublade gesteckt als Einhundertfünfzigprozentiger. Das tat weh.

Mein Banknachbar war auch gegen dieses Land, aber er war bereit einen Weg zu suchen, sachlich zu diskutieren. Bei diesen Friedensgruppen zog zum Beispiel einmal jemand ein Biermann-Gedicht[171] hervor, das überhaupt nicht zum Thema des Abends passte, nur um den Reiz des Verbotenen auszukosten.

Für mich waren das keine reellen Leute dort. Die fand ich gefährlich, weil sie versuchten, andere zu beeinflussen, ohne seriös zu bleiben. Ich sah sie mit der Zeit immer mehr als Gegner, suchte aber weiter die Diskussion mit ihnen.

Der Gerechtigkeit halber muss ich sagen, dass mir viele Kirchenvertreter heute durch ihre zutiefst humanistische Haltung imponieren. Mein Verhältnis zur Kirche wandelte sich durch ihr Auftreten.

Dann kam die Armeezeit mit der weiteren Zuspitzung der Raketenfrage. Die Vorwarnzeit[172] im Fall eines Fehlers oder Unfalls war damals auf drei Minuten zusammengeschmolzen. In der Nationalen Volksarmee wurde ich

---

[170] Im März 1981 schlug Ronald Reagan vor, ein weltraumgeführtes Raketenschild zur Abwehr von atomaren Angriffen um die USA herum zu errichten. Das war ein kostenintensives Vorhaben (auch „Krieg der Sterne" genannt) und setzte den Ostblock unter Druck.

[171] Wolfgang Biermann (eigentlich Wolf Biermann), Liedermacher und Poet. Verfasser nonkonformer, DDR-kritischer Texte. In zeitlicher Nähe zu einem Auftritt in Westdeutschland 1976 erfolgte seine Ausbürgerung. Dieses Vorgehen der Behörden erzeugte erhebliche Unruhe und Widerstand unter Intellektuellen in der DDR. Schon daher war das Zitieren von Biermann-Texten eine Provokation.

[172] Vorwarnzeit der anderen Supermacht in der militärischen Konfrontation zwischen Ost und West

aus Anlass eines Parteitages als Parteimitglied geworben. Ich hatte mich nie um Eintritt in die SED bemüht. Als ich geworben wurde, war ich stolz darauf, dass man mich gefragt hatte, ob ich Kandidat werden wollte. Es war einfach ein kontinuierlicher Schritt meiner bisherigen Entwicklung. Ich konnte mich mit dem Staat identifizieren. Der Motor dieses Staates sei die Partei, hieß es.

Als Stabssoldat kam ich in eine Parteigruppe mit dem Regimentskommandeur. In den Versammlungen wurden auch gegen Offiziere, die sich im Dienst vergangen hatten, Parteistrafen beschlossen. Die Atmosphäre empfand ich als offen und ehrlich, ehrlicher als ich es erwartet hatte. Für mich war klar, dass es in der SED ebenso viele Mitläufer gab wie in der FDJ. Die SED war aber die einzige, die führende Partei. Wer etwas ändern wollte, der musste in diese Partei eintreten. Ich war der Meinung, dass in der SED mehr aktive Leute waren als außerhalb. Da existierte meiner Meinung nach die größere Anzahl von Mitläufern. Ich glaube, dass viele in die Partei eingetreten sind, weil sie hofften, dass so ihre Kritik gehört wird. Wer zu bequem war, trat nicht ein – schon wegen der vielen und langweiligen Versammlungen. Die Benachteiligungen, wenn man nicht in der Partei war, gab es in den achtziger Jahren wohl auch nicht mehr so offensichtlich. Diskriminierungen fand ich selbstverständlich nicht richtig.

Danach, an der Hochschule, wurde ich FDJ-Agitator im Studienjahr. Da war ich noch Kandidat der Partei. Als Agitator hatte ich Probleme. Wenn ein sowjetisches U-Boot irgendwo im Schlick lag und das Neue Deutschland meldete, das liege woanders, obwohl die Medien aus dem Westen[173] dazu im Widerspruch standen, dann sagte ich meine Meinung, obwohl sie so nicht im Neuen Deutschland zu lesen war.[174]

Dann kam die Parteiaufnahme. Es wurden eine Reihe von Kandidaten Parteimitglieder. Alle vor mir hatten ihr Sprüchlein: „Meine Oma war schon...", „Ich war schon im Kindergarten...". Diese Musterlebensläufe von diesen Leuten, die das Parteiabzeichen abmachten, wenn sie in der Stadt einen Kaffee trinken gingen. Ich hatte, als ich an die Reihe kam, erzählt, dass eine der miesesten Erfahrungen, die ich in meinem Leben gemacht hatte, die

---

[173] In der DDR zu empfangendes Radio- und Fernsehen. Zeitungen aus dem Westen waren in der DDR verboten und auch nicht erhältlich.

[174] Am 28.10.1981 lief ein sowjetisches Atom-U-Boot vor Schweden auf Grund. Die UdSSR behauptete, dass es sich um einen Navigationsfehler gehandelt habe, während der Westen einen militärischen Vorgang im Kalten Krieg annahm.

mit meinem Vater war, einem Genossen, der im Radio schöne Sprüche klopfte, aber seinen Sohn einen Tag vor Weihnachten im Kinderheim abgeliefert hatte wie ein Paket in der Post. Ich habe gesagt, dass ich nur in die Partei eintreten kann unter der Bedingung, dass das persönliche Gewissen über der Parteidisziplin zu stehen habe. Ich versuchte auch immer, mich daran zu halten. Sonst wäre ich damit nicht fertig geworden, mir schäbig vorgekommen.

Die Konflikte an der Hochschule spitzten sich durch politische, aber auch persönliche Probleme zu, durch die heuchlerische Atmosphäre dort. Zum Beispiel sollte ein Freund von mir, der drei Jahre Armee hinter sich hatte, an der Hochschule die vormilitärische Ausbildung anleiten. Er wollte aber nicht und bekam Schwierigkeiten. An der Hochschule agierten Informanten der Staatssicherheit. Das hatte mir missfallen. Ich hatte noch nie etwas mit der Stasi zu tun gehabt. Ich war dafür, die Probleme offen auszusprechen. Es führte dann zur Exmatrikulation. Durch diese unehrliche Atmosphäre war mir die Lust auf ein gesellschaftswissenschaftliches Studium vergangen.

Nach dem Studienabbruch wurden mir schräge politische Positionen der Parteiführung gegenüber unterstellt. Ich hatte auch erst einmal keinen Job in Aussicht. Erst Jahre danach erfuhr ich dann, dass die Stasi daran beteiligt war. Ich lief mehrere Wochen ohne Erfolg auf Jobsuche herum. Dann habe ich etwas gefunden mit Aufstiegsmöglichkeiten in einem Freizeitzentrum. Die Tätigkeit hat mir Spaß gemacht. In der Partei war ich geblieben. Ich war immer noch hundertprozentiger Genosse. Die Überzeugung hatte sich nicht geändert. Die ist heute noch da. Aber wie der Apparat funktionierte, da wurde ich immer kritischer, je mehr ich die Bürokratie, den Formalismus erkannte.

Eine Arbeitskollegin von mir hatte Kontakte zu einer Dissidentengruppe.[175] Einmal begleitete ich sie und erzählte es so nebenbei einer anderen Kollegin. Deren Mann war Stasi-Offizier. Eines Tages klingelte bei mir das Telefon. Es meldete sich ein Herr Soundso vom Ministerium für Staatssicherheit, der mich zu sprechen wünschte. Ein Treffen wurde vereinbart. Ich hatte zugesagt, weil meine Haltung gegenüber der Stasi loyal war. Ich hatte keine persönlichen negativen Erfahrungen. Die Sache mit der Steuerung meiner

---

[175] Dissidentengruppen aktiven Widerstandes in der DDR formierten sich zu Aktionen ausführenden Initiativen nach dem NATO-Doppelbeschluss und den Reaktionen des Ostblocks darauf (u.a. Militarisierung des Alltags, Änderung des Wehrdienstgesetzes).

Arbeitsaufnahme wusste ich nicht. Das MfS war für mich einerseits mysteriös, auch verrufen natürlich, andererseits aber Spannung und Abenteuer, vielleicht durch die vielen Bücher, die ich gelesen hatte, Klassenkampf, unsichtbare Front[176] und Neugier. Der Offizier bei dem Treffen in einem Appartement entsprach allen schmierigen Klischees. Er versuchte mich nicht sehr intelligent mit allerlei billigen Tricks für eine Aufgabe im politischen Untergrund zu gewinnen. Das stieß mich ab. Ich sagte dann jedoch trotzdem zu, weil bei mir auf fruchtbaren Boden fiel, was er mir über diese Gruppierungen erzählte, vor allem durch die Erlebnisse in der Armee- und Lehrzeit. Ich wollte dazu beitragen, dass dieser Staat nicht durch Menschen gefährdet wird, deren Absichten ich als abenteuerlich empfand. Was ich erlebte, als ich jene Kollegin in den politischen Untergrund begleitete, war so. Sie ähnelten denen meiner Lehrzeit.

Ich war natürlich längst nicht mit allem in Partei und Staat einverstanden gewesen, aber ich war der Meinung, dass die Reformen von oben kommen müssten, sich aus der Partei heraus entwickeln müssten, damit es nicht zu staatsgefährdenden Krisenerscheinungen kommt. Die Machtfrage[177] stand für mich immer im Mittelpunkt meines politischen Denkens. Nur, wenn die Macht in den Händen von Kommunisten ist, kann es ein Sozialismus sein.

Als Informant für die Staatssicherheit ist es mir dann gelungen, über bewusst gesuchte Kontakte in entscheidende Kreise der Unterwelt einzudringen. Für die Leute im Untergrund war ich einer von ihnen. Ich nahm an konspirativen Treffen teil, um Konzepte auszutauschen, fertigte zum Teil handschriftliche Aufzeichnungen an, ließ das Tonband mitlaufen: Skizzen, Beschreibungen und so weiter. Es gab auch Verfolgungsfahrten, wo ich mit anderen aus dem Untergrund von Genossen der Staatssicherheit observiert wurde, manchmal wie im Krimi.

Es war alles andere als ein Kinderspiel. Nach außen hin war ich ein Aussteiger geworden. Ich wurde offiziell aus der SED ausgeschlossen. Das war

---

[176] Bezieht sich auf das Buch „Die unsichtbare Front" von G.M. Linkow, Berlin 1955. Es handelt sich um Kriegserzählungen aus sowjetischer Sicht.

[177] Wichtiger Begriff in den Schriften Wladimir Iljitsch Lenins. Für den „Sprung" in eine neue, höhere Gesellschaft bedürfe es der Lösung der Machtfrage. Daher sei eine Revolution nötig.

schmerzlich auch für Genossen, die mich kannten und gemocht hatten. Tatsächlich blieb ich aber Parteimitglied. [178]

Sozial hing ich anfangs in der Luft. Hätte mich die Stasi fallen lassen, wäre der Einstieg in das „normale Leben" schwer geworden. Es gab so alberne Dinge wie, dass ich keinen gültigen Sozialversicherungsausweis mehr hatte, wenn ich zum Arzt gehen wollte und andere Dinge dieser Art. Je größer meine beiden Kinder wurden, desto schwieriger wurde es vor ihnen Ausreden zu erfinden, was den Beruf des Vaters anging. Gefährlich wäre es gewesen, wenn sie mich im Westfernsehen entdeckt hätten. In den letzten Jahren war ich ein paar Mal kurz bei Aktionen des Untergrunds in der Hauptstadt Berlin gefilmt worden.

Mit dem Ministerium für Staatssicherheit entwickelte sich eine immer engere Zusammenarbeit. Honeckers Weg der Opposition zu begegnen war der Weg der möglichst geringsten öffentlichen und staatlichen Gewalt. Verhaftungen sollte es nur im Notfall geben, schon wegen der Westmedien.[179] Stattdessen hatten die Agenten der Stasi in den Untergrundstrukturen destruktiv zu wirken.

Ich erledigte diese Arbeit mit einer vor allem außenpolitischen Motivation. Wenn diese Leute plötzlich die Macht erringen würden, dachte ich, ist die Folge davon, dass die DDR aus dem Warschauer Vertrag austritt. Dann käme die deutsche Frage auf die Tagesordnung und die DDR müsste sterben. Wenn wir die Machtfrage verlieren würden, wäre eine unkontrollierte Perestroika die Folge. Die Machfrage war mir in Fleisch und Blut übergegangen. Vorteile hatte ich durch meine Tätigkeit für das Ministerium für Staatssicherheit kaum. Ich erhielt ein Monatsgehalt von etwas über tausend Mark. Einmal konnte ich einen gebrauchten Trabant zum Schätzwert kaufen.

Es gab durchaus Menschen im Untergrund, die mir imponierten. Allein wenn sie aber die Machtfrage stellten, war das für mich ein Grund, etwas gegen sie zu unternehmen.

Mit vielen Forderungen unserer Gegner ging ich mit der Zeit konform. Aber sie sind trotzdem meine Gegner geblieben, da viele einfach nur machthungrig

---

[178] In solchen Fällen wurde das SED-Parteibuch verwahrt, vor allem wohl durch das Ministerium für Staatssicherheit. Vgl. den Fall Karl-Heinz Kurras.

[179] Erich Honecker verfolgte intensiv die Medienberichterstattung. Er war um persönliche Anerkennung im Westen bemüht.

waren. Das bestätigt sich ja auch jetzt nach der Wende. Teilweise sind sie nun in Ministerämtern.[180] Sie sind für mich keine Leute des Volkes im Sinne der Arbeiterklasse.

In den letzten Jahren wurde der Rücklauf auf meine Informationen immer dürftiger. Ich hatte eigentlich schon einmal eine Antwort erwartet. Es lief ja immer mehr darauf hinaus, dass das, was die Opposition wollte, zum Teil das war, was das Volk bewegte. Es spiegelte die Missstände in unserer Gesellschaft wieder. Unsere Chancen wurden geringer, wenn sich die Parteipolitik nicht änderte. Das begriffen wir natürlich.

Meine Informationen formulierte ich immer dringlicher, um auch so Reformen anzuschieben, zum Beispiel, dass man tatsächlich mehr Opposition zulassen müsste, damit zunächst ein Ablassventil vorhanden sei. Es gab keinerlei Änderungen in der Parteipolitik, keine Glasnost und Perestroika.[181]

Für mich wurde klarer, dass im Politbüro Betonköpfe sitzen. Meine Tätigkeit hatte keinen Sinn mehr. Der Parteiauftrag war für mich nicht mehr erkennbar. Ich war schließlich der Meinung, dass das Politbüro mit allen Mitteln gestürzt werden müsse, auch mit Gewalt. Wenn es gelungen wäre, die richtigen Partner zu finden und wenn ich nicht in Familie gewesen wäre, vielleicht hätte ich es probiert. Aber das kann man im Nachhinein leicht sagen.

Gegen Ende 1989 wollte ich aus meiner Tätigkeit bei der Staatssicherheit aussteigen, auch da die Gefahr für mich immer größer wurde, enttarnt zu werden. Man wollte mich von der Stasi aus nicht gehen lassen. Ein Offizier versuchte mich noch zu erpressen, damit ich weitermachte. Das war alles nicht gut und sehr dramatisch und schwierig und belastete mich und damit auch mein Privatleben, die Familie. Damals hatte ich überlegt, ob ich mich

---

[180] Der Theologe Wolfgang Ullmann war von Februar bis April 1990 „Minister ohne Geschäftsbereich" in der letzten von der nun reformbereiten SED nach Honecker geführten Regierung unter dem Vorsitzenden des Ministerrates Hans Modrow. Ullmann hatte zuvor zu einem kirchlichen Oppositionskreis gehört.

[181] Das Phänomen Veränderungen in der DDR zunächst durch eine inoffizielle Mitarbeit für die Staatssicherheit zu erreichen, um später dann zur Opposition überzuwechseln, findet sich häufiger auch in Lebensläufen von Oppositionellen. Zunächst war wohl der Versuch notwendig, das System von innen heraus zu verändern.

nicht mit meinen Informationen an die Abteilung Sicherheit beim Zentralkomitee der SED[182] hätte wenden sollen. Ich hielt es für möglich und bin auch heute noch davon überzeugt, dass das Zentralkomitee keine Ahnung von der sprunghaften Formierung des Untergrundes hatte. Möglicherweise hätte ich damit etwas bewegen können. Ich habe es aber nicht getan. Vielleicht war ich zu erschöpft. Meine Hoffnung war, wieder als ganz normaler Mensch in die Gesellschaft zurückzukehren.

Der neunte November[183] ist für mich ein ganz schwarzer Tag gewesen. Ich wollte keine unkontrollierte Öffnung der Grenze. Ich war sauer, auch wenn wir mittlerweile eingesperrt waren wie Karnickel in der Buchte. Das wilde Öffnen der Grenze wurde zum Todesstoß für unser Land.

Das Volk hat sich jetzt für den Konsum entschieden. Ich muss das akzeptieren. Ich wäre auch nie mit Waffengewalt gegen das Volk oder Demonstranten vorgegangen. Die Erfahrungen der vierzig Jahre DDR werden bleiben, sodass die Menschen in einigen Jahren merken, dass die westliche Gesellschaft nicht ihre ist. Es wird sich dann zeigen, ob es möglich ist, ein leistungsfähiges System aufzubauen, das auf dem Bewusstsein der Menschen beruht. Ich halte jetzt aber ebenso den Weg von innen heraus durch Reformen für möglich. Es ist aber auch denkbar, dass die Menschheit im Kapitalismus untergeht durch Vereinzelung in der Gesellschaft, Gen- oder ähnliche Manipulationen, die wir noch nicht kennen, womit sie die Massen unter Kontrolle halten können.

Ja, ich fühle mich missbraucht und verraten.[184]

---

[182] Die Abteilung Sicherheit war zuständig für die Anleitung und Kontrolle der militärischen Einheiten in der DDR und auch für das Ministerium für Staatssicherheit.

[183] 9. November 1989, Fall der Berliner Mauer.

[184] Der Interviewpartner beendete 2011 gewollt sein Leben.

Die Büroangestellte

Sabine F., neunundzwanzig, Facharbeiterin für Schreibtechnik, drei Jahre Arbeit im Beruf, danach Fachschulstudium für Ökonomie, zeitweise Hausfrau, später beim Rat eines Stadtbezirks beschäftigt, verheiratet, zwei Kinder, seit 1980 in der SED, jetzt PDS.

Das Gespräch wurde im März 1990 geführt.

In meiner Familie waren so gut wie alle in der Partei. Meine Großeltern sind Verfolgte des Naziregimes gewesen. Das hat natürlich meine politische Einstellung nicht unwesentlich beeinflusst. In unserer Familie gab es keine unrealistischen Roten abgesehen von meinem Vater. Meine Eltern lebten aber schon immer getrennt. Der Hauptgrund für meinen Eintritt in die SED war meine innere politische Auffassung, die ich auch bereit war, nach außen hin zu dokumentieren, wie wenn man lange Jahre zusammenlebt und dann heiratet. Ein zweiter Grund war der Antrag einer Mitschülerin – wir waren im zweiten Lehrjahr, von der ich fand, dass sie für diese Partei nicht würdig wäre, weil sie nach außen anders sprach als im persönlichen Gespräch. Da ich ein ehrlicher Mensch bin, dachte ich, dass ich eintreten muss, um diese Art Mitläufer und Karrieristen auszuschalten, schon rein zahlenmäßig, um mehr zu bewirken als ein Parteiloser. Dass das natürlich nicht aufgegangen ist, konnte ich als junger Mensch mit neunzehn/ zwanzig Jahren nicht wissen, dass viele Einflüsse, Positionen, eine Rolle spielten, gegen die du gar nicht angekommen bist.

Ich bin alleine bei meiner Mutter groß geworden. Das war dann später in der Pubertät auch eine Krisenzeit: Mutter – Tochter. Da wollte man immer was Eigenes machen. Daher habe ich meiner Mutter nicht gesagt, dass ich in die Partei will, weil ich es allein machen wollte.

Wenn es zu Familienfeiern kam, wurde fast nur über Politik diskutiert, gerade auch in der Zeit ab 1985, als es in der Ökonomie immer mehr kriselte. Das war für Jüngere natürlich interessant und es haben alle schon zum damaligen Zeitpunkt gesagt, dass sich etwas verändern muss.[185] Ich weiß, dass die aus

---

[185] Der Stilwechsel in der KPdSU durch Gorbatschow verdeutlichte, dass es auch eine „offenere" Variante des Ostblock-Sozialismus geben könnte, die politischen und wirtschaftlichen Problembedarf ungehindert thematisiert.

meiner Familie nie schüchtern waren, ihre Meinung zu sagen. Wir sind bekannt dafür, dass wir Haare auf den Zähnen haben und nicht verheimlichen, was wir denken.

Etwa zu der Zeit, als ich in die Partei eintrat, versuchte mich die Staatssicherheit anzuwerben. Es sprach mich ein Mitarbeiter an, ob ich dort nicht arbeiten wollte, nicht als Informant, sondern richtig. Weil es mir aber noch nie aufs Geld ankam, konnte er mich auch nicht durch ein Gehaltsangebot dazu bewegen, meine Identität dort abzulegen. Man musste eben auch mal nein sagen können. Mit zwanzig Jahren zweitausend Mark zu verdienen, das schlug bestimmt nicht jeder aus.

Ich bin auch aus einem anderen Grund nicht hingegangen, weil ich nämlich Schulfreunde hatte, deren Eltern bei der Firma arbeiteten. Ich hatte erlebt, was das für Bedingungen sind, dass man sich abmelden musste, wenn man wegfuhr, du immer angeben musstest, wo du dich gerade aufhältst...

Ich bin ein sehr spontaner Mensch, der sich mal über Nacht überlegt, dass er am nächsten Morgen irgendwo hinfahren muss. Jeder möchte ja sehen, wie er glücklich wird. Und das wäre eine Atmosphäre gewesen, in der das nicht gegangen wäre. Ich habe mich dann bei der Seereederei beworben und wollte zur See fahren. Das ist übrigens bis heute mein großer Traum. Da ich aber meinem damaligen Abteilungsleiter im Betrieb meine Pläne nicht eingehend erläutert hatte, fühlte er sich in seiner Eitelkeit angekratzt und sorgte dafür, dass ich nicht angenommen wurde. Danach bewarb ich mich zum Fachschulstudium. An diese Zeit erinnere ich mich nur ungern. Viele dort waren nicht links eingestellt, rechts aber auch nicht. Die waren gar nichts, waren desinteressiert, nicht nur an Politik, sondern auch an kulturellen Erlebnissen. Mich enttäuschte das, weil ich gedacht hatte, die Studienzeit ist die Zeit der ungeahnten Möglichkeiten. Da bin ich dann oft allein losgezogen.

Ich wurde dann während des Studiums in die Parteileitung gewählt, weil ich durch meine Klappe aufgefallen war. Viele Probleme wurden in den Beratungen diskutiert, die mich nicht interessierten. Es war auch zweifelhaft, ob sich der kraftvolle Einsatz für Veränderungen lohnen würde, wenn man nur kurze Zeit in diesem Bereich bliebe. Bei einer Veränderung musst du immer Teilhaber sein, damit du das kontrollieren kannst.

Vor dem Studium hatte ich drei Jahre in einem Betrieb gearbeitet. Das Parteileben war dort aufgeschlossen. Es wurde nichts vertuscht. Jedoch blieb es immer bei diesen Feststellungen, weil eine Parteigruppe nichts so richtig ändern konnte. Wir haben Berichte über unsere Unzufriedenheit an die Kreisleitung geschrieben, dass zum Beispiel im Betrieb am Plan ständig herumfrisiert worden ist. Und sie schickten die Berichte wohl auch so ab, wie wir sie formuliert hatten. Allerdings dachten viele auch wie ich, dass Veränderungen von oben kommen müssten. Die zweite Ebene würde das doch auch begreifen, dass die Spitze alt, senil und verkalkt ist. Dieser Weg erschien uns am wahrscheinlichsten.

Meinen Mann lernte ich auf Hiddensee kennen. Ich war dort zuerst allein im Urlaub, bin dort einfach allein hingefahren und ging dann auf der Insel von Tür zu Tür, um ein Quartier zu finden, weil das sonst so schwer möglich war. Das wurde einer meiner schönsten und unbeschwertesten Urlaube. Es stimmte alles, auch das Wetter. Zwei Wochen danach bin ich noch einmal nach Hiddensee gefahren. Da habe ich dann meinen Mann kennengelernt. Eigentlich war es komisch, dass wir zusammengeblieben sind. Ich fand erst einmal überhaupt nicht schön, dass ich schon wieder einen getroffen hatte, der ein Roter war. Mein Mann studierte damals an der Parteihochschule. Ich war der Meinung, schon damals, dass es keine sehr sinnvollen Jahre sind, die man dort verbringt. Er hatte eigentlich gedacht, 1982, dass dort ausgewählte Genossen zusammentreffen, mit denen man über alles realistisch sprechen kann, dass man zum Beispiel auch Kontakte zu anderen sozialistischen Parteien knüpfen konnte, sogar zu welchen im Kapitalismus. Er hatte sogar seinen Reisepass mitgenommen. Er hat wirklich gedacht, wo wird offen geredet, wenn nicht an der Parteihochschule.

Wir heirateten dann. Beim Kontakt mit meinem Vater, der kurze Zeit in einer Kreisleitung arbeitete, sind mir die Widersprüche zwischen ihm und meinem Vater sehr deutlich geworden. Ich würde meinen Vater heute als einen echten Stalinisten bezeichnen. Seine Moralauffassungen haben mich angewidert, dass zum Beispiel seine Kinder nicht westfernsehen durften.[186] Sie mussten sich einen alten Fernseher selbst im Keller anschließen. Er selbst hat bis Mitternacht die Reißer gesehen. Als er das zweite Mal verheiratet war, hat er

---

[186] Es existierte kein Gesetz, dass etwa das Fernsehen von westdeutschen Programmen verbot. In der Frühzeit der DDR gab es zahlreiche Kampagnen, die die Bevölkerung dazu bewegen sollte, nur DDR-Programme zu sehen. Später erfolgten noch Aufforderungen, z.B. in Schulen, es nicht zu tun. Doch das Westfernsehen blieb weit verbreitet. Funktionäre der SED sowie Angehörige militärischer Organisationen in der DDR hielten sich häufiger an die Aufforderung, keine Westfernsehprogramme anzuschalten.

es bei meiner Mutter weiter versucht. Es kam sogar so weit, dass meine Mutter wieder ein Kind von ihm erwartete und es sich auf seine Bitte hin wegmachen ließ. Er versuchte auch, sich meiner Halbschwester und meiner Freundin zu nähern. Mein Vater hat meinem Mann einmal zu erklären versucht, dass dieser vieles falsch sehe, nicht auf der Parteilinie liege. Vater war voll in dem Fahrwasser der senilen Parteilinie drin und hat nichts gemerkt. Mein Mann war drei Jahre an der Parteihochschule gewesen, aber er kommt aus dem Baufach. Er bemühte sich immer realistisch zu bleiben.

Durch den Dogmatismus an der Parteischule ist mein Mann seelisch erkrankt, vielleicht auch, weil er ein sehr ruhiger Mensch ist, der viel in sich reinfrisst. Es hatte zum Beispiel einer in einem Seminar gefragt, warum man dem Volk nicht die Wahrheit sagen würde. Das müsse man doch nach Lenin. Dieser wurde dann zur Rektorin[187] zitiert, die ihm erklärte, er habe Lenin nicht verstanden – so auf diese Masche. Oder, du solltest die Überlegenheit des Sozialismus über den Westen verdeutlichen. Aber du durftest ja keinen Kontakt haben. Eine, die im Theater einen Amerikaner kennengelernt hatte, wurde von der Schule geschmissen. Das fand ich primitiv. Wer sollte den Leuten die Vorzüge des Sozialismus beibringen, wenn nicht solche Leute von der Hochschule?[188]

Mein Mann hatte in dieser Zeit nur für die Praxis danach gelebt, aus der er ja kam. In dieser Seminargruppe waren auch Menschen, die nur ständig hinterhergerannt sind. Die traten nicht mit Leib und Seele für die Idee ein.

Mein Mann hängt sehr an seiner Familie. Er wollte nie einen Parteiposten, bei dem er von der Familie getrennt gewesen wäre. Er war Stralsunder, ich Berlinerin. Ich wurde schwanger und wir wollten in Berlin bleiben. Das ging parteimäßig nicht.[189] Er sollte nach Greifswald. Seine alte Wohnung war aber

---

[187] Die Rektorin der Parteihochschule in dieser Zeit war Hannah Wolf. Sie galt als besonders dogmatisch in der Auslegung des Marxismus.

[188] DDR-Bürger durften über Westkontakte verfügen, solange sie keine Geheimnisträger (Offiziere waren es automatisch) oder Parteikader in höheren Leitungsfunktionen waren. Wer zur Parteihochschule ging, gehörte somit zu dem Personenkreis, der keine Westkontakte haben durfte.

[189] Dass Familienbelange bei solchen Entscheidungen nicht berücksichtigt wurden, ist weniger als Schikane zu beurteilen als vielmehr bedingt durch das planwirtschaftliche Herangehen. Zu einem Studium wurde man häufig von einem Betrieb bzw. der SED delegiert, um danach eine Position einzunehmen. Kamen private Dinge dazwischen, brachte das die langfristige Kaderverwendung durcheinander.

in Stralsund. So hieß das täglich achtzig Kilometer Fahrweg, hin und zurück. Die Versprechungen gingen auf eine Wohnung in Block soundso in Greifswald. Der Parteiorganisator von dem Betrieb, in dem mein Mann Parteisekretär wurde, hat bei uns am Küchentisch gesessen und alles versprochen, aber nichts gehalten.

Alles hinschmeißen. So ein Typ ist mein Mann nicht. Er wollte auch kein gebranntes Kind sein. In seiner Funktion hat er auch „Sputnik" und „Neue Zeit"[190] ausgewertet, wo ich auch erst dachte, es kann nicht stimmen mit diesen Lagern in Sibirien. Erst, als ich das Buch von Janka[191] las, sind mir viele Sachen erschreckend glaubhaft geworden.

Es gelang uns dann Anfang Neunundachzig nach Berlin zu ziehen. Mein Mann ist von Beruf Bauingenieur. Er wollte aus seiner Parteifunktion herauskommen und wieder in seinem Beruf arbeiten. Wir haben hier eine Stelle für ihn gefunden. Letztendlich hatte er einsehen müssen, dass er nichts bewegen kann. Seine Berichte kamen oft von der Kreisleitung zurück. Er sollte sie überarbeiten. Das hat er aber nicht gemacht. Er hat nicht begriffen, dass die da oben nicht begreifen, dass die Arbeiter wirklich was verändern wollen, dass dies nicht mit ein paar Lkw-Ladungen Lebensmittel in eine bestimmte Region getan ist, wenn die Arbeiter eine Eingabe zu grundsätzlichen Problemen schreiben. Man versuchte ein Parteiverfahren gegen ihn einzuleiten. Die Wende kam dem zuvor.

Die ganzen Jahre war schon klar, dass sich im Alleingang nichts ändern ließ. Ich war auch nicht für spektakuläre Aktionen. Eingaben schreibe ich nicht. 1985 hatten wir durch Gorbatschow gedacht, dass es auch bei uns bald losgehen muss. Dass die überhaupt kein Interesse hatten, wurde vielen von uns erst spät bewusst.

---

[190] Die Zeitung „Neue Zeit" war die Parteizeitung der in der DDR existierenden Christlich Demokratischen Union Deutschlands (CDU), die sich auch für einen Sozialismus eingesetzt hatte, jedoch auch für christliche Werte.

[191] Walter Janka (1914-94): Von Jugend an Kommunist, dann Leiter des Aufbau-Verlages in Ostberlin. 1956 bis 1960 in Haft wegen „konterrevolutionärer Tätigkeit". Im Oktober 1989 veröffentlicht er das sehr schnell populär werdende Buch: „Schwierigkeiten mit der Wahrheit".

Als die Demonstrationen begannen, dachte ich bei den Übergriffen der Polizei[192] noch, wer dort festgenommen wird, kann nicht so ganz unschuldig sein. Dass es immer kriseliger wurde, war mir klar. Am siebenten Oktober[193] hatte ich schon das Gefühl, dass irgendetwas im Busch ist und habe mein Kind auch nicht als Zuschauer zum Fackelzug[194] gelassen. Meine Meinung über die Demonstranten änderte sich erst, als die Organe der Stasi zugeben mussten, dass alle Kräfte in höchste Bereitschaft versetzt waren, dass es tatsächlich so viele Demonstranten waren und dass die Polizisten aufgehetzt wurden, dass die Massen auf der Straße alle Konterrevolutionäre sein sollten.[195]

Ich habe auch nie geglaubt, dass die Ausreisewilligen solche Repressalien zu erleiden hatten, dass die sogar inhaftiert wurden. Das habe ich für erfunden gehalten, weil es immer anders dargestellt wurde, wie mit dem Kapitalismus. Jetzt kann man sich ja persönlich informieren und sich ein Bild machen. Ich weiß gar nicht, wovor die da oben Angst hatten.

---

[192] Am 11. September 1989 sind zahlreiche der für Veränderungen in der DDR Demonstrierenden von der Polizei unter Anwendung von Gewalt verhaftet, stundenlang festgehalten und schließlich mit dem Erteilen einer hohen Geldstrafe entlassen worden.

[193] 7. Oktober 1989. Gemeint sind die Feierlichkeiten zum 40. Jahrestag der DDR.

[194] Zu den Feierlichkeiten zum 40. Jahrestag der DDR am 6. Oktober 1989 gehörte ein Fackelzug, der vom Brandenburger Tor bis zum Palast der Republik stattfand. (Honecker hatte seine Karriere als FDJ-Chef begonnen.) Vielen DDR-Bürgern waren diese Fackelzüge allein wegen der Analogie zu Aufzügen im Dritten Reich suspekt. Dies trifft besonders auf das Jahr 1989 zu. Dass die SED-Führung solche Aufmärsche organisierte, ist wohl nur dadurch zu erklären, dass jene Führungsgeneration erlebt hatte, dass die Nazis mit solchen Formen der Jugendarbeit Erfolg hatten, und meinten, diese übernehmen zu können.

[195] Eine offizielle Verlautbarung des Ministeriums für Staatssicherheit, dass alle Kräfte in Alarmbereitschaft waren, ist nicht bekannt. Vielmehr wurde dies an der zahlenmäßigen Polizeipräsenz deutlich für die Bevölkerung der DDR erkennbar. Auffällig ist auch der Begriff „Konterrevolutionär" in dem Text.

Als Egon[196] rankam, dachte ich auch noch, er packt es. Dafür, dass man das gedacht hatte, muss man sich heute fast schämen. Von dem Schabowski[197] hatte ich auch eine ehrlichere Auffassung gehabt. Aber ich bin nicht aufgrund irgendwelcher Personen in die Partei eingetreten und ich werde auch nicht wegen irgendwelcher Personen, Korruptionsgeschichten austreten. Die Idee vom real existierenden Sozialismus[198] kann uns keiner nehmen. Wir haben ja lediglich den Stalinismus kennengelernt. Deshalb habe ich überhaupt nicht mit dem Gedanken gespielt auszutreten.

Im Dezember, als der außerordentliche Parteitag kam, Gysi gewählt wurde[199] und die alte Führung endgültig abserviert wurde, dachte ich, na endlich. Ich hatte auf den außerordentlichen Parteitag gehofft, da ich an der Basis noch keine Möglichkeiten sah, etwas zu unternehmen. Der alten Kreisleitung konnte ich nicht vertrauen. Die haben nur jede Initiative noch gebremst. Ich habe gewusst, das wird sich beruhigen in der Partei, die Alten werden gegangen sein und dann wird es von vorne losgehen.

Als die Auflösungserscheinungen kamen, das tat mir trotzdem weh. Bei einigen war ich ganz froh, dass sie ausgetreten sind, weil ich mich nicht mehr mit Mitläufern in einen Topf werfen lassen muss. Und mich hat schockiert, dass eine, die in der Kreisleitung saß, sich beschwert hat: „Stell dir mal vor, jetzt verlangen die von mir sogar, dass ich zu den Bürgern gehe und mit ihnen rede. Ich lass mich von denen doch nicht zerhacken!"

---

[196] Egon Krenz, SED-Nachfolger von Honecker 1989.

[197] Günter Schabowski, Erster Sekretär der SED-Bezirksleitung Berlin, geboren 1929 und damit eines der jüngsten Mitglieder des Politbüros. Er stellte sich am 4. November 1989 vor die Demonstranten in Berlin und wollte eine Rede halten, die schon durch den aggressiven Tonfall, in dem sie vorgetragen wurde, abgelehnt wurde. Letztlich hinderten ihn Pfiffe am Weiterreden.

[198] „Real existierender Sozialismus". Offizielle Bezeichnung des Gesellschaftssystems der DDR und der Staaten des Warschauer Pakts. Der Begriff wurde von Erich Honecker auf einer Tagung des Zentralkomitees der SED 1973 zum ersten Mal benutzt.

[199] Im Dezember 1989 fanden zwei Sonderparteitage der SED statt. Bereits beim ersten Parteitag wird Gregor Gysi mit großer Stimmenmehrheit zum Vorsitzenden der SED gewählt (9. Dezember 1989).

Viele wollten die Änderung in der Partei zu schnell. Ich denke, das braucht seine Zeit. Das ist ein Prozess. Als Berghofer[200] ausstieg, war es am schlimmsten, weil man dachte, die Alten in der Partei gewinnen. Da war auch mein Mann kurz vor dem Austritt. Und wenn mein Mann ausgetreten wäre, wären ihm vielleicht andere gefolgt, weil er geachtet wird.

Ich kann mir vorstellen, dass viele glauben, der Sozialismus ist weltweit gescheitert. Ich denke aber nicht, dass der Sozialismus an sich gescheitert ist, sondern bloß die stalinistische Erscheinungsform. Wenn man die guten Seiten des Kapitalismus – mehr Anreiz, mehr ökonomische Sparsamkeit und so weiter mit denen des Sozialismus in einem Ganzen vereint, die sozialen Errungenschaften halten könnte und ein gesundes Mischungsverhältnis herstellt, wäre das ein Ziel für die Zukunft.

Die Macht hätte bei uns nicht von einem Alleinherrscher ausgehen dürfen, der noch dazu mehrere Funktionen in sich vereinte. Und schlimm fand ich, dass sie uns durch deren Jagdgebiete den Wald geklaut haben von unserem bisschen DDR.[201] Der Beweis dafür, dass die Planwirtschaft nicht funktioniert, wurde meiner Meinung nach noch nicht erbracht. Es war bei uns ja eine korrupte Erscheinungsform. Ich verstehe nicht, warum die Generaldirektoren der Betriebe so lange stillgehalten haben.

Jetzt muss man sich mit der Lage im Land abfinden. Wir werden in die Opposition gehen und uns gegen Unverschämtheiten versuchen zu wehren, wenn soziale Dinge demontiert werden sollten, zum Beispiel Ferienlager, Schulhorte und Schulessen...

Persönlich glaube ich, dass sich nicht viel ändern wird, dass mein Mann weiter so an seiner Familie hängen wird und ich in ihm die Kraft für die Zukunft finde.

Ich verstehe mich nicht als Mitläufer, weil ich immer gesagt habe, was ich denke. Ich habe ungern ein schlechtes Gewissen. Ich erzähle lieber alles.

---

[200] Wolfgang Berghofer, von 1986-1990 Oberbürgermeister von Dresden, SED-Reformer, der Repressalien gegenüber der Opposition verhinderte. Als Stellvertreter von Gregor Gysi im Dezember 1989 gewählt, trat er im Januar aus der SED-PDS aus, da er glaubte, dass die Partei sich nicht reformieren würde.

[201] An der Ostsee, auf der Halbinsel Darß, befand sich eines der DDR-Staatsjagdgebiete, die nicht betreten werden durften.

Die Rentnerin

Roselore L., sechsundachtzig, gelernte Stenotypistin, zuletzt Sachbearbeiterin, ab 1919 Mitglied der Arbeiterjugend, ab 1920 in der SPD, 1930 Eintritt in die SAP, 1945 in die KPD, jetzt PDS-Mitglied, verwitwet, ein Kind, zwei Enkel, ein Urenkel.

Das Gespräch wurde im April 1990 geführt. [202]

Ich bin Acht-Klassen-Schülerin, kein Intelligenzler. Mein Vater war so eine Art Sozialarbeiter. Du musst dich immer um die Schwachen kümmern, hieß die Lebensmaxime, die er seinen Kindern mit auf den Weg gab.

1918 bin ich mit vierzehn Jahren gleich ins Büro als Stenotypistin[203] gegangen. In Dresden war auf den Straßen die Revolution. Gegenüber von unserem Büro lag ein Konfektionsladen, Hoflieferant. Da kamen Soldaten, die ihre Schulterklappen abgelegt hatten und rissen das runde Hoflieferantenschild ab. Ich fühlte mich bestätigt in meinen Gefühlen.

Neunzehnhundertvierzehn, als der Krieg begann, war ich zehn Jahre alt gewesen. Meine Mutter, eine Arbeiterfrau, musste uns sechs Kinder durch die schlimme Zeit bringen. Wir sind nicht verelendet trotz der vielen Kohlrüben.[204] Manchmal bin ich eineinhalb Stunden über Land gelaufen nur für ein bisschen Quark. Vater war im Krieg.

---

[202] An einigen wenigen Stellen dieses Textes sind Formulierungen zu finden, die auf die sächsische Mundart zurückgehen.

[203] Eine Berufsbezeichnung für einen typischen Frauenbüroberuf. Der Name bezeichnet die Fähigkeit, in Kurzschrift (Stenografie) Aufzeichnungen anzufertigen und anschließend den Text mit der Schreibmaschine zu tippen.

[204] Der Winter 1916/17 ging als „Kohlrübenwinter" in die deutsche Geschichte ein. Hintergrund war, dass durch den Krieg die Arbeitskräfte in der Landwirtschaft fehlten. Daraufhin wurden Kohlrüben gegessen.

Ich wurde Stenotypistin und ging zu einem Rechtsanwalt ins Büro, weil Vater es so wollte. Meine Geschwister mussten sich in Stellung begeben.[205] Mit mir hatte Vater andere Pläne. Die setzte er auch Mutter gegenüber durch.

1919, im Frühjahr, sagten die Freunde zu mir: „Komm mal mit in die Schule, da ist Jugend, die singt abends." So kam ich zur Arbeiterjugend. Wir haben viel gesungen, aber ich kann mich überhaupt nicht daran erinnern, dass wir mal einen Vortrag über Marx[206] oder so gehört hätten. Als Vater aus dem Krieg kam, fragte er: „Wo gehst du hin?" Ich antwortete ihm und er sagte darauf nur zwei Worte: „In Ordnung."

Ich lernte dort meinen Mann kennen. Er war mir erst zu bürgerlich, weil er einen Hut aufhatte. Wir verstanden uns von Anfang an sehr gut, da wir gleiche Interessen hatten. Wir interessierten uns für Kunst. Mein Mann hat ein bisschen gemalt.

Mit siebzehn, achtzehn bin ich weg von dem Anwalt. Die SPD brauchte eine Stenotypistin im Bezirkssekretariat Dresden. Ich bin mit großer Begeisterung hingegangen. Die Arbeit beim Rechtsanwalt hatte ich satt. Ich musste immer machen, was er befahl. Als er hörte, dass ich zur SPD wollte, fragte er: „Was wolln'sen bei dem Verein?" Da bin ich erst recht hin. Durch die Stenographie näherte ich mich politischen Dingen. Ich stenographierte für die SPD-Prominenz. In der SPD war mir die linke Opposition am sympathischsten. Ich habe damals alles in mich aufgesogen, was ich zu hören kriegte, wenn auch nicht immer verkraftet. Mein Vater hatte nur ein einzigen Buch zu Hause gehabt – August Bebel: „Die Frau und der Sozialismus."[207] In der Zeit hat mir auch ein Philosophiedoktor den Hof gemacht. Auch er hat mich beeinflusst. Ich hatte mich dann aber mehr gefühlsmäßig entschieden – für meinen späteren Mann.

---

[205] Sich in Stellung begeben bedeutet, sich eine private Anstellung zu suchen, meist als Dienstmädchen

[206] Karl Marx verfasste mit Friedrich Engels gemeinsam das „Manifest der Kommunistischen Partei" (auch nur das „Kommunistische Manifest" genannt). Er galt daher als Begründer der kommunistischen Bewegung.

[207] August Bebel galt als Begründer der deutschen Arbeiterbewegung (1869). Bebel leitete die patriarchalische Gesellschaft von der Entstehung des Kapitalismus ab und forderte die Emanzipation der Menschheit von der Unterdrückung, um damit auch die Veränderung der Rolle der Frau zu erreichen.

Wir heirateten dann. Mein Mann arbeitete als Schaufensterdekorateur in einem großen Kaufhaus. 1927 hatten wir unsere Wohnung. Stube, Kammer, Küche, aber mit Bad. Das war damals schon fast vornehm. In dieser Wohnung haben wir über sechzig Jahre gelebt. 1930 wurde unser Sohn geboren, gerade in die kritische Zeit hinein.[208] Zum Glück verdiente mein Mann recht gut.

Von der SPD spaltete sich dann die SAP[209] ab. Es wurde ein eigenes Büro eingerichtet. Ich ging als Stenotypistin dort mit hin. Wir waren Trotzkisten, aber erst heute wissen wir, was mit Trotzki[210] wirklich geschah. Lange zweifelten wir, ob die Spaltung gut war. Wir wollten etwa in der Mitte von SPD und KPD stehen und die Arbeiterklasse verbünden. Um politisch zu wirken, gründeten wir in Dresden ein Kabarett „Die Nebelspalter"[211]. Wir hatten viel Erfolg. Hunderte von Menschen kamen zu uns, bis wir 1933 verboten wurden.[212] In jenem Jahr ging meine Schwester mit ihrem Mann, die beide zur rechten SPD gehörten, in die Emigration und blieben dann in der USA. Meine Mutter wurde deshalb laufend von der Gestapo verhört. Dreiunddreißig Jahre später habe ich meine Schwester noch einmal gesehen. Wir haben uns sofort wieder blendend verstanden. 1933 verlor mein Mann

---

[208] 1930 wirkte sich die Finanzkrise durch den New Yorker Bankencrash auf Deutschland aus, was zu einer Verdreifachung der Anzahl von Menschen führte, die auf staatliche Unterstützung angewiesen waren. Eine häufige Folge davon war Obdachlosigkeit für die betroffenen Familien. Es kam zu Regierungskrisen, da das Problem der Massenarbeitslosigkeit nicht lösbar erschien. Die NSDAP ging gestärkt aus diesen Entwicklungen hervor.

[209] SAP – Sozialistische Arbeiterpartei Deutschlands, auch SAPD abgekürzt. Eine Fraktion hatte sich von der SPD abgespalten mit dem Ziel, eine Einheitsfront mit der KPD gegen die rechten Bewegungen zu gründen, was auf Reichsebene misslang.

[210] Leo Trotzki (1879-1940), Weggefährte von Lenin, vertrat die Vorstellung, dass der Sozialismus nur international errichtet werden könne und nicht nur in einem einzelnen Land. Später Gegner von Stalin und Flucht ins Exil nach Mexiko, wo er von der sowjetischen Geheimpolizei ermordet wurde.

[211] Das politische Kabarett „Die Nebelspalter" wurde 1931 von der Jugendorganisation der SAP durch Peter Blachstein gegründet, wobei der Name „Nebelspalter" wohl auf eine 1875 gegründete gleichnamige Schweizer Satirezeitschrift zurückging.

[212] Nach dem Machtantritt Hitlers wurden zügig die anderen politischen Parteien verboten. Dies betraf zuerst die kommunistischen und sozialdemokratischen Parteien und Bewegungen.

seine Arbeit. Zwar hatte sein Chef, der ihn gut leiden konnte, noch versucht, ihn zu decken, doch ein Kollege meines Mannes, der SA-Mann war, bestand auf der Entlassung. Wir standen mittellos da, weil wir als Staatsfeinde keine Unterstützung erhielten. Ich habe damals mein Klavier verkauft. Davon konnten wir eine Weile leben. Dann kam der Chef meines Mannes zu Besuch und gab uns Hausarbeit: Preisschilder malen. 1934 konnte mein Mann wieder eingestellt werden. Der Denunziant war wegen gefälschter Hitlerautogrammbilder festgenommen worden.

Einige Wochen lang stellten wir eine illegale Zeitung in unserer Wohnung her. Die Gestapo durchsuchte mehrmals unsere Wohnung. Sie konnte aber nichts finden bis auf einmal, da wir in unserer Naivität die Wachstafeln für die Zeitung in den Schreibtisch gelegt hatten. Der Gestapomann zog das Schubfach auf, entdeckte die Tafeln, nahm sie in die Hand. Ich dachte, jetzt ist alles aus. Aber er legte sie wortlos wieder herein. Er muss wohl Mitleid gehabt haben, vielleicht weil unser Sohn noch so klein war. Wir hielten auch in der Wohnung eine Zeit lang jemanden versteckt, der gesucht wurde. Dann haben wir nichts Illegales mehr unternommen. Es wurde zu gefährlich.

1941, am ersten Weihnachtsfeiertag, erreichte uns die Nachricht, dass mein Mann eingezogen wird. Er kam nach Polen. Als mein Mann zur Wehrmacht musste, habe ich mir Arbeit in der Dresdener Philharmonie gesucht, um nicht in die Rüstung geschickt zu werden. Während des Rückzuges der Deutschen dann 1945 hatte die Einheit, in der mein Mann war, einen guten Offizier, der ihre Gruppierung an den SS-Truppen vorbeiführte.[213] Sie waren schon wieder in Fürstenberg, als sie von der Roten Armee verhaftet und nach Moskau in Kriegsgefangenschaft gebracht wurden.

Ich dachte immer: Dresden, die schöne Stadt, wird nicht bombardiert. Es gab auch keine Sicherheitsvorkehrungen, keine Bunker. Beim ersten Angriff war ich im Zentrum. Der Philharmoniesaal und unser Büro gingen kaputt. Wir sahen aus dem Keller die Flammen. Als es vorbei war, bin ich eineinhalb

---

[213] Da SS-Kampftruppen in der Regel wussten, dass sie bei verlorenen Kampf im Osten nicht zu Kriegsgefangenen gemacht, sondern exekutiert werden würden, kämpften sie besonders hartnäckig gegen die Rote Armee. Sie gingen auch gegen unentschieden handelnde deutsche Kampfverbände vor bzw. befahlen sie zu intensiven Kampfabschnitten, während vielen Wehrmachtssoldaten die Aussichtslosigkeit des Kampfes bewusst war.

Stunden nach Hause gerannt, wie eine Wilde, um zu sehen, ob mein Sohn noch lebt, bis er mir auf dem Fahrrad entgegen kam.[214]

1946 stand eine Annonce in der Zeitung, dass sich alle ehemaligen Philharmoniker wieder einfinden sollten. Von achtzig kamen fünfunddreißig. Aber wir konnten wieder anfangen. Weil ich Stenographie beherrschte und politisch unvorbelastet war, wurde ich dann zur Kriminalpolizei geholt. Es ging uns darum, den Schwarzhandel zu unterbinden. Beschlagnahmte Sachen verteilten wir an Bedürftige. Einmal wollten wir Autoschieber der Tat überführen und haben eine von uns, eine Arbeiterin, aufgeputzt wie eine feine Dame mit Pall-Mall-Zigaretten[215] und Herrenschuhen, weil sie so große Füße hatte. Das klappte dann auch. Wir haben uns dabei halb totgelacht.

Bald darauf hat mich ein Genosse von früher in der Straßenbahn getroffen und mir klar gemacht, dass ich in der Polizeigewerkschaft dringender gebraucht würde. Wir haben uns dort viel um soziale Dinge gekümmert, um Mittagessen, auch kulturelle Veranstaltungen. Da hat mal einer ein bisschen Kitsch gesungen, um die Menschen abzulenken.

In bin 1945 in die KPD eingetreten, weil mir ein Bekannter zugeredet hatte. In die SPD wollte ich nicht und die SAP existierte nicht mehr. Bei der KPD hatte ich erst Vorbehalte, weil sie sich aus den Wohnungen der Nazis Sachen holten. Es war den Nazis zwar zu gönnen, aber es ging mir gegen den Strich. Es gab Diskussionen, dass Genossen Auto fahren, während es kaum Kartoffeln gab. Doch der Genosse sagte mir, dass er ohne Auto noch weniger organisieren könnte. Das war einzusehen. Personenkult kannten wir noch nicht.

Von der Gründung der SED war ich begeistert. Otto Buchwitz[216] kannte ich persönlich. Er überzeugte uns, dass wir uns vereinigen müssten, damit die

---

[214] Am 13. Februar 1945 wurden drei Viertel der Dresdener Innenstadt durch britische Flugzeuge zerstört. Dabei kamen über 20 000 Menschen ums Leben. Die Bombardierung von Dresden gilt als eine der für die deutsche Bevölkerung schlimmsten im Zweiten Weltkrieg.

[215] Auf dem Schwarzmarkt galten auch Zigaretten als Währung. Diese zu rauchen, verwies auf besonderen Wohlstand in der unmittelbaren Nachkriegszeit.

[216] Otto Buchwitz (1879-1964): Sächsischer SPD-Abgeordneter im Preußischen Landtag, Widerstandkampf, Exil und dann Zuchthaushaft. Setzte sich ab 1945 für die Vereinigung mit der KPD zur SED ein. Mitglied des Zentralkomitees der SED und Alterspräsident der Volkskammer.

Arbeiterklasse nicht mehr gespalten ist. Wir haben uns eingebildet, wenn wir 1933 zusammengehalten hätten, hätten wir die Nazis nicht gekriegt. Die SAP war ja auch entstanden, um der Spaltung entgegen zu wirken. Ich finde es jetzt unverschämt, wenn behauptet wird, dass sich die SPD hatte vereinigen müssen. Uns erschien es als logisch, nachdem was wir erlebt hatten. Sicher war es regional unterschiedlich. Wir haben die Vereinigung auf dem Theaterplatz gefeiert. Die Gründung der SAP wurde später verurteilt, weil wir es angeblich auf die Uneinheitlichkeit der Arbeiterklasse abgesehen hätten. Wir wollten aber das Gegenteil. In der Zeit wurden alle bei der Polizei, die früher SAP waren, gegangen[217], weil sie als unsicher galten. Ich war aber nicht mehr bei der Polizei. Wir haben immer sehr darunter gelitten, dass wir schuld sein sollten. Wir kleine SAP wollten ja Zusammenarbeit. Von den Verbrechen Stalins wussten wir nichts zur Zeit der Vereinigung.[218] Ich glaube auch nicht, dass die West-SPD das gewusst hat. Die allerdings in der Emigration in der Sowjetunion waren, die durften nichts erzählen. Für uns war die Sowjetunion das Paradies.

Noch 1946 kam mein Mann wieder nach Hause. Er gehört zu den ersten Hunderttausend, die entlassen wurden. Am ersten Abend kamen die Leute aus dem Haus und brachten jeder etwas zu essen, obwohl sie selber nichts hatten. Aber sie wussten von den Hausdurchsuchungen der Gestapo und hatten wohl zum Teil auch ein schlechtes Gewissen. Mein Mann erhielt von der Stadtverwaltung den Auftrag, Ausstellungen zu organisieren, weil er fachlich bewandert war. Zu Weihnachten haben wir für die Kinder in der Stadthalle Kekse aus einem Eimer Sirup gebacken und es gab Krautwürste, mehr Kraut als Wurst. Mein Mann gehörte später auch zu der Delegation, die die Bilder der Gemäldegalerie in Dresden aus Moskau zurückholte.[219]

---

[217] Typische DDR-Formulierung: „gegangen werden" für entlassen werden. Gemeint ist damit jemanden so zu bedrängen, dass er sich eine neue Arbeitsstelle suchte.

[218] Die Vereinigung von KPD und SPD zur SED erfolgte 1946. Die (zögerliche) Aufarbeitung des Stalinismus erfolgte in der DDR ab 1956.

[219] Am 25. August 1955 erfolgte in Moskau eine Rückgabe von Bildern aus der Dresdener Gemäldegalerie an die Regierung der DDR, die als Beutekunst nach Kriegsende in die Sowjetunion transportiert worden waren.

Als Stalin starb[220], waren wir alle ganz unglücklich. Es gab eine Feierstunde in der Stadthalle, bei der mein Mann die Rede hielt. Wir waren wirklich alle davon überzeugt. Die Parteigeschichte war ja nur auf die Person Stalin zugeschnitten. Vielleicht waren wir auch von der Nazizeit beeinflusst. Die haben das mit der Führerpersönlichkeit wie bei Adolf Hitler aufgezogen. Uns überzeugte, dass die Sowjetunion mit Stalin den Krieg gewonnen hatte. Wir hätten es selbst wohl nicht geschafft, die Nazis zu stürzen.

Zunächst waren alle Funktionen in der SED paritätisch besetzt gewesen. Das fanden wir in Ordnung. Als der Personenkult anschwoll, warum haben wir eigentlich nicht die Gusche aufgemacht?

Am siebzehnten Juni[221] war ich zu Hause und habe überhaupt nichts davon bemerkt. Mit der Normerhöhung das war natürlich Unsinn.[222] Aber wir haben sonst geglaubt, dass alles reaktionäre Mache ist. Ich hatte keine direkten Erlebnisse, dass ich es beurteilen konnte. Aber wir fanden es entsetzlich, dass die Menschen auf die Straße gingen. Erst jetzt eigentlich wird mir manches klar.

Von 1964 bis 1971 haben wir in Berlin Kunstausstellungen für Dresden vorbereitet. Es gab Kunstdiskussionen über abstrakte Kunst, die abgelehnt wurde. Die dritte Kunstausstellung war am primitivsten.[223] Wir hatten zwar

---

[220] Josef Stalin verstarb am 15. März 1953.

[221] Gemeint ist der 17. Juni 1953, an dem eine staatsfeindliche Massendemonstration von Arbeitern auch in Dresden stattfand, die aber weitgehend friedlich verlief.

[222] Am 28. Mai 1953 hatte die SED die Arbeitsnormen um zehn Prozent angehoben, um auf den Versorgungsnotstand in der DDR reagieren zu können.

[223] Dies ist im Zusammenhang zu sehen mit dem Beschluss der SED, den Sozialismus in der DDR zu errichten. Dem sollte auch die darstellende Kunst entsprechen, weshalb für diese das Dogma des „Sozialistischen Realismus" verkündet wurde. Die Aussage der Interviewpartnerin zur 3. Kunstausstellung (Dresden 1953) entspricht dem Konsens von Kunstwissenschaftlern in späteren Jahren der DDR. Die Ablehnung abstrakter Kunst als bürgerlich und dekadent ist im Zusammenhang mit der Formalismusdebatte zu sehen (1951-1953). Die Konzeption des „neuen" Menschen im Sozialismus widersprach der Vorstellung, dass menschliche Wahrnehmungen „unwürdig" und reduziert in Abstraktionen wiedergegeben werden könnte. In der DDR wurde die Eingriffs- und Wirkungsfunktion der Kunst in den gesellschaftlichen Alltag als sehr hoch eingeschätzt. Entsprechend großen Wert legte die politische Führung auf die Steuerung (und Kontrolle) des Kunstbetriebes.

keine Stimme in der Jury, konnten es aber trotzdem kaum mit unserem Gewissen vereinbaren, die Bilder uns anzusehen. Das Verrückte war aber, dass der Bevölkerung, die in die Ausstellung kam, gerade das gefiel, was dem Geschmack des Politbüros entsprach. Trotzdem glaube ich heute, dass es ein Vorteil gewesen ist, in der Kunst zu arbeiten. Vieles ging dort menschlicher zu. Es war eine Sondersituation. Vielleicht hat man deshalb auch nicht so eine Menge Probleme gesehen?[224]

Als mein Mann 1971 Rentner wurde, sind wir wieder nach Dresden gezogen. Dort waren wir im Wohngebiet aktiv, ich besonders im DFD[225].

1961, als die Mauer gebaut wurde[226], haben wir gerade in Berlin eine Ausstellung vorbereitet. Wir haben uns riesig gefreut, dass die Brüder da drüben nichts davon gewusst haben. Wir hatten selbst erlebt, wie schwer es geworden war, in Berlin einzukaufen. Es war wohl auch berechtigt, uns gegen die zu schützen.

In meiner Partei- und DFD-Arbeit habe ich die Mauer bis zuletzt noch verteidigt. Ich dachte, wir haben so Ruhe hier vor dem ganzen Mist aus dem Westen.[227] Im DFD hatte ich viel Erfolg. Wir hatten zum Beispiel Kontakte zur SWAPO[228], haben welche eingeladen, die uns etwas erzählen sollten. Jetzt

---

[224] Die Beschäftigung mit Kunst bedeutete ein weniger direktes Verhältnis zur Politik zu haben und womöglich auch weniger direkt durch Funktionäre diszipliniert zu werden.

[225] Demokratischer Frauenbund Deutschlands, gegründet 1947 in Ostberlin. Der DFD verstand sich in der Tradition der demokratischen Frauenbewegung, mit antifaschistischer Ausrichtung, beriet Frauen in Alltagsangelegenheiten, setzte besondere Bildungswege für Frauen durch (Berücksichtigung von Schwangerschaften).

[226] Ab dem frühen Morgen des 13. August 1961 wurde die Grenze nach Westberlin und in die Bundesrepublik mit einer Grenzbefestigungsanlage verschlossen.

[227] DDR-Medien berichteten in den achtziger Jahren intensiv über den Anstieg der Arbeitslosigkeit im Westen, sowie von Kriminalitätsfällen und den Trend zu immer mehr Drogentoten.

[228] South-West Africa People's Association, Partei der Freiheitsbewegung in Namibia, gegen Süd-Afrika gerichtet. Die DDR unterstützte Unabhängigkeitsbewegungen in Afrika, um so den Einfluss des Ostblocks auf diesem Kontinent zu sichern bzw. auszuweiten. Beispielsweise kamen namibische Kinder in die DDR zur Betreuung, andererseits wurden Militärberater nach Namibia geschickt.

habe ich gehört, nach dem Tod meines Mannes wohne ich in Berlin in der Nähe meines Sohnes, dass sich die DFD-Gruppe auflösen wollte, doch dann haben sie gesagt, das können wir der Roselore nicht antun, die hätte etwas dagegen und sie sind zusammengeblieben. Das hat mich natürlich gefreut.

Ich habe in den letzten Jahren noch immer fast alles verteidigt. Die DDR war mein Land. Wenn andere Genossen zu kritisch waren, konnte ich es nicht glauben, habe ich gesagt: „Mensch, es kann doch nicht sein. Sieh dir den Westen an." Ich hatte auch noch Vertrauen in die Führung, als die Menschen schon abhauten.[229] Ich dachte, die werden es schon schaffen. Bei Krenz dachte ich das auch noch.[230] Ich habe auch die Mauer zu lange verteidigt. Wenn ich mir überlege, Dresden Neustadt und Dresden wären getrennt gewesen und man hätte sich nicht sehen können... Ich bin aber noch heute der Meinung, dass viele, die damals abgehauen sind, nur den Bananen hinterherrannten.[231] Als die Ausreisewelle begann, habe ich gemeint, die in der Führung müssten sich doch mal melden. Ich habe darauf gewartet, dass eine Lösung kommt. Die illegalen Demonstrationen in Leipzig hatte ich gehasst wie die Pest.[232] Ich habe ihnen nicht abgenommen, dass es ehrlich ist, was sie wollten. Ich konnte auch nicht glauben, dass so viel in der Republik kaputt ist. Erst langsam hat sich bei mir die Meinung durchgesetzt, dass das ehrliche Menschen sind.

---

[229] Ab dem Sommer 1989 durch die ungarisch-österreichische Grenzöffnung

[230] Egon Krenz wurde am 18.10.1989 der Nachfolger von Erich Honecker, womit erste grundlegendere Reformen eingeleitet schienen.

[231] Bananen wurden zu einem Symbol der unterschiedlichen deutsch-deutschen Lebensverhältnisse. In der DDR waren sie nur selten erhältlich, während sie besonders günstig in der Bundesrepublik angeboten worden sind.

[232] Montags fanden in der gesamten DDR die SED-Parteiversammlungen statt. Daher organisierten Oppositionelle „Montagsdemos". Die erste fand in Leipzig am 4. September 1989 statt. Versuchten die Sicherheitskräfte am Anfang noch die Demonstrationen (über die Westmedien im Fernsehen berichteten) aufzulösen, erhielten diese angesichts der anhaltenden „Republikflucht" über Ungarn und durch das politische Nichtreagieren auf dieses Phänomen immer mehr Zulauf, schließlich auch von DDR-Bürgern, die sich um den Bestand des Landes sorgten. Der Ruf lautete daher bis zur Grenzöffnung „Wir sind das Volk. Wir bleiben hier." Er richtete sich gegen den sozialistischen Anspruch der Regierenden, die Vertreter der Arbeiterklasse, der „normalen, kleinen" Leute zu sein.

Bei den Demonstrationen in Berlin vor dem Zentralkomitee wäre ich gerne dabei gewesen.[233] Und jetzt natürlich erst, wenn es um unsere Rechte geht. Wenn ich bloß besser laufen könnte!

Nicht verstanden habe ich, dass sie die Züge über Dresden geleitet haben und die den Bahnhof so zerschmissen.[234] Wenn man als Dresdener die Stadt mitaufgebaut hat, hängt man an jedem Stein.

Am schlimmsten war es, als die Korruptionen bekannt wurden. Ich kenne Horst Sindermann[235], als er noch ein kleiner Junge war und brachte seiner Schwester ins SPD-Büro in Dresden immer das Essen. Als ich vor ein paar Jahren für meine DFD-Arbeit einen Orden angehängt bekam, da war er mir so sympathisch, hat sich noch so nett mit mir unterhalten, ob ich mich an den und den noch erinnerte. Und der hat seinen Kindern Häuser gebaut?[236] Das kann ich nicht verstehen. Die müssen das doch gemerkt haben! Mir ist das unverständlich. Die wollten das vielleicht mal umdrehen und auch so leben wie die anderen, als sie eingesperrt waren bei den Nazis. Aber das kann man doch nicht machen, wenn man Verantwortung hat. Ich habe nie in meinem

---

[233] Am 3. Dezember 1989 versammelten sich zehntausende SED-Mitglieder vor dem Gebäude des Zentralkomitees aus Empörung über die halbherzige Reformarbeit aber auch, da kurz zuvor die Berichte über die Bereicherung von Politbüromitgliedern bekannt geworden waren.

[234] Am 1. Oktober 1989 fuhr ein Zug mit DDR-Bürgern, die zuvor in die bundesdeutsche Botschaft in Prag geflüchtet waren, über DDR-Territorium in die Bundesrepublik. Die DDR-Regierung gestattete die Ausreise in den Westen nur über DDR-Gebiet, um sie offiziell aus der DDR-Staatsbürgerschaft entlassen zu können. Daraufhin kam es zu heftigen Ausschreitungen und Auseinandersetzungen mit der Polizei am Dresdener Hauptbahnhof, da die Fahrtstrecke des Zuges bekannt geworden war und weitere Ausreisewillige sich dort versammelten. Es kam zu schweren Beschädigungen am Bahnhof.

[235] Horst Sindermann (1915-1990), Vorsitzender des Ministerrates und Volkskammerpräsident, wegen kommunistischer Untergrundtätigkeit im Dritten Reich KZ-Häftling. Über Sindermann war im Dezember 1989 bekannt geworden, dass auch er sich in Wandlitz mit westdeutschen Waren versorgt hatte.

[236] Kurz vor dem Interview waren im März 1990 Presseberichte erschienen, die berichteten, wie ein Sohn Sindermanns ein Haus gebaut bekam, westliche Autos fuhr, kostenlos diese in Wandlitz betanken durfte und dort auch ohne zu bezahlen reparieren ließ.

Leben geklaut. Nein doch, vier Briketts mal bei der Polizei, als es so kalt war und ich meinen Jungen zu Hause hatte.

In unserer Planwirtschaft hätte man nicht jede Kaffeetasse und jeden Löffel von oben planen dürfen, nicht so konkret, dann hätte es doch gehen können. Zehn Jahre eher und der Sozialismus wäre zu retten gewesen.

Ich fühle mich schuldig, weil ich nicht die Gusche aufgemacht habe. Bei den Versammlungen im Wohngebiet habe ich immer gedacht, die alten Meckerfritzen, was die nur haben. Uns geht es doch gut. Wir haben doch alles.

Nach achtundsechzig Jahren Parteizugehörigkeit war die letzte Zeit die schlimmste für mich. Die Bombenangriffe, als man das Feuer in der Richtung sah, wo sich die Familie aufhielt, waren schlimm, ebenso die Nachkriegszeit und die Hausdurchsuchung 1933. Aber ich glaubte zu wissen, warum man das erlitten hat. Jetzt kann ich vielleicht gar nichts Gutes mehr erleben. Ich bin froh, dass von meinen Kindern und Enkeln niemand umgekippt ist.[237]

Jetzt freue ich mich, wenn die zwei parteilosen Rentner im Haus zu mir kommen und Rat und Hilfe suchen. Da bist du nicht ganz unnütz im Alter.

---

[237] Durch eine Zeitungsannonce ist dem Autor dieses Buches bekannt geworden, dass ein Enkel der Interviewpartnerin Anfang der neunziger Jahre in Afrika umgekommen ist. Sie hat das noch erfahren.

Der Wachmann

Andreas B., dreißig, Orthopädiemechaniker, vor der „Wende" im Wach- und Sicherungsdienst beim Ministerium für Staatssicherheit (Pförtner), Leutnant, danach Produktionsarbeiter im 3-Schicht-Dienst in der Metallindustrie, verheiratet, ein Kind, in der SED seit 1982, jetzt PDS-Mitglied.

Das Gespräch wurde im Januar 1990 geführt.

Zum Ministerium für Staatssicherheit bin ich gekommen, weil ich mich für drei Jahre verpflichtet hatte. Man fragte mich, ob ich zum Wachregiment[238] nach Berlin wollte und da habe ich zugesagt. Ich hätte auch unten in Thüringen beim Ministerium meine drei Jahre runterreißen können, doch mich zog es nach Berlin, in die Großstadt. Ein bisschen Abenteuer. Ich spielte nie mit dem Gedanken, nur eineinhalb Jahre zu dienen. Das war für mich klar, obwohl ich der einzige aus meiner Schulklasse war. Da gab es keine Probleme. Mein Vater ist im Parteiauftrag seit 1961 beim Ministerium für Staatssicherheit gewesen. Er arbeitete in der Kreisdienststelle einer Kleinstadt in Thüringen. Ich habe immer gewusst, dass er dort angestellt ist. Manchmal musste ich ihm das Abendbrot bringen. Da konnte ich das Schild vor dem Haus lesen. Dass mein Vater bei der Stasi war, ist den Leuten im Ort bekannt gewesen. Aber so richtig dagegen schien vorher niemand etwas gehabt zu haben. Erst nach der Wende zogen einige zu der Wohnung meiner Eltern und beschimpften sie. Sie drohten meinen Vater aufzuhängen. Meine vier Schwestern sind jetzt alle systematisch aus der Partei ausgetreten. Warum, verstehe ich nicht so ganz. Die meinen Vater beschimpft haben, waren wohl solche Spezialisten. In der Kleinstadt kennt man die, also Leute, die schon immer mit dem Gesetz Schwierigkeiten hatten. Mein Vater hatte eng mit der Volkspolizei zusammenarbeiten müssen. Wie es zurzeit bei meinen Eltern aussieht, weiß ich nicht. Ich habe nur telefonischen Kontakt.

---

[238] Das Wachregiment Feliks Dzierzynski unterstand dem Ministerium für Staatssicherheit und führte vor allem militärisch-operative Sicherungstätigkeiten für Staats- und Parteigebäude durch. Es rekrutierte sich zum großen Teil auch aus Zeitsoldaten eines dreijährigen Wehrdienstes, wie er in der DDR häufig von Studienbewerbern durchgeführt wurde, um einen begehrten Studienplatz zu erhalten (im Gegensatz zum achtzehnmonatigen Pflichtdienst).

Meine Mutter arbeitete als Erzieherin. Sie war auch in der SED und nicht so begeistert, dass ich nach Berlin ging. Ich verließ das Elternhaus. Vater war doch auch andauernd unterwegs.

Mein Weg nach Berlin verlief geradlinig und klar. Ich war davon so überzeugt, dass es mit meinem Mädchen, das ich über zwei Jahre hatte, in die Brüche gegangen ist. Aber wohl nicht wegen des Ministeriums für Staatssicherheit, sondern weil es Berlin sein musste. Ihre Mutter brachte uns auseinander. Sie hat ihr immer eingeredet, dass es nicht gut sei, wenn ich so lange nach Berlin müsste.

In Berlin hatten wir erst eine Grundausbildung. Dann musste ich ein Objekt bewachen, das gerade gebaut wurde. Viele von denen, die dort Wache geschoben haben, sind, als das Objekt fertig wurde, in die technischen Dienste gegangen, zum Beispiel als Heizer, viele Kumpels. Ich verpflichtete mich auch als Berufssoldat. Man hatte mir damals versprochen, dass ich beim Ministerium für Staatssicherheit Orthopädiemechaniker sein könnte. Es sollte wohl mal eine Orthopädieabteilung aufgebaut werden.[239] Daraus ist aber nichts geworden. Das Ministerium hatte nicht so viele Geschädigte, also war so gut wie kein Bedarf da. So bin ich beim Wachdienst geblieben. Wir waren ein gutes Kollektiv, haben uns verstanden.

Ich lernte hier im Objekt meine Frau kennen. Sie arbeitete seit 1971 in der Küche. Wie das so ist in einem Ledigenwohnheim. Zwei Jahre haben wir noch im Wohnheim gewohnt, ehe uns die erste Wohnung zugewiesen wurde.

Für Mitarbeiter beim Ministerium ist die Parteimitgliedschaft selbstverständlich gewesen. Das war eben so und musste so sein. Da gab es keine Frage. Mein Vater war, wie schon gesagt, in der Partei, meine Mutter auch. Ich fand darin nichts Schlechtes. Natürlich haben wir auch Probleme gesehen. Wir sind ja unsere Verwandten besuchen gefahren. Die erzählten von Versorgungsproblemen und so, die wir in Berlin in dem Maße nicht kannten.[240] Wir haben das registriert und versucht, ihnen zu erklären, wie das

---

[239] Über den Zweck einer solchen Abteilung kann nur spekuliert werden. Da die DDR aber sogenannte „sozialistische Bruderhilfe" für junge Nationalstaaten leistete und die Staatssicherheit sehr viele Bereiche der DDR durchdrang, wird es sich vielleicht um tatsächliche Orthopädieleistungen (oder geplante) in der Krankenbehandlung, z.B. von Bürgerkriegsopfern oder von Kämpfern, gehandelt haben.

[240] Berlin wurde bevorzugt mit Konsumgütern versorgt. Ein bekanntes Beispiel dafür ist das Waschmittel „Spee gekörnt", das in Berlin leicht erhältlich war, aber nur

zusammenhinge. So wie man uns das in der Politschulung[241] beigebracht hatte. Die DDR wäre nun mal ein rohstoffarmes Land. Nach fünfundvierzig fingen wir klein an. Jetzt habt ihr Fernseher, Wohnung, Auto. Denkt mal an die Kindheit neunzehnhundertfünfundsechzig/ sechsundsechzig.[242]

Es war bestimmt auch nicht alles schlecht in der DDR. Manchmal hatte ich auch keine Argumente mehr. Zum Beispiel wurde bei meiner Schwester vor dem Haus gebaut. Vierzehn Tage stand dort ein Kran herum, der am Tag zehntausend Mark kostete. Das hat mich aufgeregt.

Wir wussten alle hier, dass Honecker und Mielke eine Datsche besaßen. Aber die Ausmaße hat keiner geahnt. Wir kleinen Leute kamen niemals dort hin.

Als Gorbi rankam, fand ich einerseits nicht verkehrt, was er gemacht hat. Aber wohin sollte das führen? Was hatte er vor? - hatte ich gedacht. Das war mir nicht so bewusst, was er mit Glasnost und Perestroika so bezweckte.

Mit den Wahlen im Mai ging es wohl schon richtig los bei uns, dass es unruhig wurde. Wir hatten seit dieser Zeit häufig Personenschutzeinsätze. Wir haben also auf der Straße gestanden, zum Beispiel auf der Schönhauser Allee[243], um die Staatskarossen vorbeifahren zu sehen. Das fanden wir ziemlich sinnlos, ebenso wie schon immer die Fußballeinsätze beim BFC[244]. Da kamen etwa zweitausend Anhänger wie immer zum Spiel und dreitausend auf Befehl,

---

selten in anderen Bezirken der Republik. Auch die Instandhaltung der Bausubstanz wurde intensiver betrieben.

[241] Politschulung = Politische Schulung, Unterricht in marxistisch-leninistischer Weltanschauung ist damit gemeint, der auch bei der Nationalen Volksarmee stattfand.

[242] Tatsächlich entwickelte sich das persönliche Lebensniveau positiv. Grund hierfür war auch die Politik Honeckers, die Bevölkerung unbedingt mit Konsumartikeln zu versorgen. Andererseits findet sich in der Formulierung dieses Abschnitts ein wohl für die DDR-Bürger nicht untypisches Minderwertigkeitsgefühl wieder, welches bedingt war durch das im Vergleich zum Westen deutlich rückständige Lebensniveau in den achtziger Jahren.

[243] Eine Straße in Ostberlin, die zugleich auch eine der Protokollstrecken war bei Staatsbesuchen.

[244] BFC, gemeint ist der Fußballclub BFC-Dynamo, dessen Ehrenvorsitzender der Minister für Staatssicherheit Erich Mielke war. Der BFC errang bis 1988 zehn Meistertitel in Folge.

damit der BFC seine fünftausend Zuschauer hatte. Wir versuchten etwas dagegen zu unternehmen, weil wir es nicht eingesehen haben.

Über den vierzigsten Jahrestag der DDR durften wir nicht von zu Hause weg, keinen Alkohol trinken, damit wir immer erreichbar wären. Das haben wir auch nicht richtig eingesehen. Ich wurde sauer, als ich Honecker gehört habe mit seinen dummen Sprüchen „vorwärts immer – rückwärts nimmer".[245] Viele Mitarbeiter haben gedacht wie ich. Wir haben uns darüber unterhalten können. Wir konnten über Politik, Familie, über alles im Kollektiv miteinander reden. Wir hatten einen guten Chef. Der hat auch mal quergeschossen, wenn es nötig war.

Als die Ausreisewelle begann[246], sahen wir die Interviews, dass die Jugendlichen gesagt haben, dass sie keine Zukunft mehr bei uns sehen würden und dass sie reisen wollten. Das Reiseproblem stand für mich nicht so. Für mich war eigentlich klar, dass wenn man mal nach Kanada oder so will, auch drüben im Westen ganz schön knüppeln muss, um sich das leisten zu können. Das mit der Zukunft konnte ich nicht so ganz verstehen. Ich dachte mir, wenn sie von sieben bis sechzehn Uhr arbeiten und sich davon nichts kaufen können, dass sie das meinten. Die fünfunddreißig Stunden-Woche hatten die doch schon längst. Da wurde auf Arbeit doch mehr privat zusammenorganisiert als wie... Wir konnten nicht während der Arbeitszeit einkaufen gehen.

Am vierzigsten Jahrestag[247] waren wir sauer auf das Ministerium und am vierten Elften, bei der Montagsdemo, auf die Demonstranten, weil die alles in den Dreck zogen[248].

---

[245] Die Politbüromitglieder traten stets mit einer unpersönlichen Funktionärsamtssprache auf. Daher wurden ihre Charaktere für die Bevölkerung erst deutlicher, als sie am Ende der DDR mit – wie sie meinten – volkstümlich formulierten Losungen versuchten, die Entwicklung aufzuhalten.

[246] Ab dem Sommer 1989

[247] 40. Jahrestag der DDR am 7. Oktober 1989

[248] Gemeint ist die sogenannte Künstlerdemo auf dem Alexanderplatz am 4. November 1989, als der SED-Bezirkssekretär Günter Schabowski und der ehemalige General der Staatssicherheit Markus Wolf durch Buhrufe der Demonstranten am Reden gehindert wurden.

Der Krenz hatte von Anfang an keine Zukunft. Der war FDJ-Mann gewesen und Sicherheitschef beim Zentralkomitee. Bei dem radikalen Umbruch war es für mich logisch, dass der keine Chance hat. Damals, als der Modrow bei den Demonstrationen mitmarschierte[249], da hat es, glaube ich, bei vielen von uns Klick gemacht. Jetzt musste etwas passieren. Anders ging es nicht mehr weiter.

Erschreckend war für mich schon vorher, als ich zur Kreisparteischule[250] gehen musste, zu erfahren, wo das Ministerium überall drinhing. Man hatte ja schon viel kennengelernt. Im Nachhinein gesehen muss ich sagen, dass ich keine größere persönliche Schuld hatte, höchstens, dass ich konsequenter gegen Widersprüche hätte auftreten müssen. Ich habe viel um des lieben Friedens willen über mich ergehen lassen, zum Beispiel die Fußballeinsätze. Wir hatten uns manchmal dienstlich mit den Vorgesetzten in den Haaren, weil zum Beispiel Vorschriften alle zwei Minuten verändert wurden. Da hätte man sich vielleicht auch mehr durchsetzen müssen. Ich war Mitläufer, weil ich Ärger aus dem Weg gegangen bin, weil es keinen Zweck hatte, kein Ergebnis sich zeigen würde. Man lief gegen eine Wand, die nicht umzuwerfen war.

Ich weiß nicht, ob ich wieder zum Ministerium für Staatssicherheit gehen würde, wenn ich noch einmal wie damals vor der Situation stünde. Wenn ich gewusst hätte, wie alles kommt, hätte ich drei Jahre abgerissen und wäre wieder nach Thüringen gegangen. Missbraucht gefühlt habe ich mich eigentlich nur bei solchen Einsätzen wie auf der Schönhauser Allee oder beim Fußball.

In jedem größeren Betrieb gibt es den Betriebsschutz. Ich fürchte, dass das Objekt jetzt verkommt. Man hängt daran, wenn man von Anfang an dabei war, wie das hier aufgebaut wurde. Es kann ja auch zivil genutzt werden.

In den Parteiversammlungen redeten wir immer über die Probleme. Da sind manchmal die Fetzen geflogen. Partei und Dienst wurden streng getrennt. Manchmal bin ich zum übergeordneten Parteiorganisator gegangen, wenn ich, wenn wir Probleme hatten. Uns wurde dann erklärt, dass wir unter uns

---

[249] Am 8. Oktober 1989 traf sich der Bezirkssekretär von Dresden, Hans Modrow, mit einer Gruppe der Demonstranten, um einen Dialog zu beginnen.

[250] An Kreisparteischulen wurden politische Schulungen als Abendkurse durchgeführt.

verstärkt ideologische Arbeit leisten müssten. Politische Richtlinien wurden ausgegeben und mit Erziehungsmaßnahmen gedroht, also Parteistrafen. Bei einer Parteistrafe, dem Ausschluss, musste man Abschied vom Ministerium nehmen. Das kam nur einmal vor. Das war aber ein Spinner, der gegangen ist.

Ein Schlüsselerlebnis wurde für mich, als wir im Urlaub nach Bulgarien durch Rumänien gefahren sind. Ich war froh, als wir wieder die DDR erreichten. Ich hätte unsere Zöllner küssen mögen. Für mich war unbegreiflich, wie man ein sozialistisches Land so herunterwirtschaften kann. Bulgarien und Rumänien hatten nach dem Krieg etwa gleiche Ausgangsbedingungen gehabt. Als ich vom Karl-Marx-Orden für Ceausescu hörte, war ich natürlich sauer.[251] Hier in der DDR haben wir uns ja ein bisschen was geschaffen.

Das hätte bei uns nicht so weit kommen brauchen. Honecker hätte sich mit Gorbis[252] Politik beschäftigen müssen. Das war Starrsinn. Er hätte sich mit den Entwicklungen vertraut machen müssen, nicht stehenbleiben dürfen. Viel mehr hätte man in die Betriebe gehen müssen und die Arbeiter fragen, wie die Probleme gelöst werden könnten. Wilhelm Pieck[253] ist in die Betriebe gegangen, von hinten. Die Mauer zu errichten, um uns von äußeren Einflüssen abzuschotten, war Blödsinn. Aber gegen den Ausverkauf der DDR war sie doch nötig. Das sieht man ja jetzt, wenn die Westberliner kistenweise die großen Biere bei uns kaufen.

Unseren Staat haben wir im Prinzip schon vor der Wende verhökert. Ich bin inzwischen schon ein paar Mal nach Westberlin gefahren. Wenn man sich den Quelle-Katalog[254] ansieht, was da von uns drin ist, nur mit einer anderen Verpackung...

---

[251] 1988 erhielt Nikolai Ceausescu als Generalsekretär der Kommunistischen Partei Rumäniens die hohe Auszeichnung. Mitte der achtziger Jahre war aufgrund seiner katastrophalen Wirtschaftspolitik die Situation so, dass es nahezu keine Lebensmittel mehr in den Läden zu kaufen gab, Strom rationiert werden musste und Arbeiter auch keine Löhne mehr erhielten.

[252] Michail Gorbatschow

[253] Wilhelm Pieck (1878-1960). Berichte über ein solches Vorgehen Piecks waren in der DDR verbreitet.

[254] Quelle – ein bundesdeutsches Versandhaus

Zu Anfang war ich stocksauer auf Honecker und Mielke. Jetzt bin ich der Meinung, dass man die Alten in Ruhe lassen soll. Die sind gestraft genug, rein vom Moralischen her.

Ich fühle mich nicht betrogen. Ich wurde von meinen Eltern erzogen, aber meine MfS-Entscheidung war frei. Es ist mein Problem, wenn ich etwas mache, das verkehrt ist. Warum mein Vater zum MfS und zur Partei gegangen ist, weiß ich nicht. Ich habe nie danach gefragt. Das war wie naturgegeben. Das ist für mich ein Beruf wie meinetwegen Werkzeugmacher gewesen.

Meine Frau hat mich politisch nicht groß beeinflusst eher umgekehrt. Sie ist allerdings ziemlich zurückhaltend. Sie war wie ich ein Mitläufer. Wenn sie auf Parteiversammlungen Diskussionsbeiträge leisten musste, habe ich die meistens vorbereitet. Privilegien hatten wir keine. Ich habe so um die eintausendvierhundert Mark verdient, dafür im Vierundzwanzigstundendienst.[255] Danach war aber nicht Schluss. Es kamen noch irgendwelche Einsätze. Im September hatten wir dann vierzig bis fünfzig Überstunden, die natürlich nicht bezahlt wurden. Sonderläden gab es für uns nicht. Wer das Objekt vor sechzehn Uhr verließ, wurde gemeldet. Es fehlte nur noch die Stechuhr. Seit 1983 habe ich auf ein ausrangiertes Dienstfahrzeug gewartet, um es zu kaufen. Die waren dann meist sieben oder acht Jahre alt.[256] Ich habe keins bekommen. Um Ferienplätze gab es bei uns Prügeleien. Ich war einmal in Prerow und einmal in Oberwiesenthal[257].

Meine Zukunft sehe ich nicht so rosig. Die freie Marktwirtschaft ist für mich nicht das Gelbe vom Ei, weil doch einige Abstriche von sozialen Dingen gemacht werden müssen wie Mieten, Kindergärten, Hort. Das betrifft einen unmittelbar. Arbeitslose haben wir schon. Vielleicht in zehn Jahren, dass es uns wirtschaftlich einigermaßen gut geht. Ich kann nur hoffen, dass auf dem Gebiet der DDR gebaut, investiert wird. Wahrscheinlich werden auch einige abrutschen, gewiss von den Schreihälsen, die jetzt am lautesten nach der Einheit rufen.

---

[255] Die angegebene Verdiensthöhe dürfte etwa zehn Prozent über dem Durchschnittseinkommen am Ende der DDR gelegen haben.

[256] In der DDR musste in den achtziger Jahren auf ein Neufahrzeug deutlich über zehn Jahre gewartet werden, bevor es gekauft werden konnte.

[257] Bekannte Ferienorte in der DDR

Nach der Wende versuchte ich wieder als Orthopädiemechaniker zu arbeiten. Die Kollegen wollten mich dort aber nicht haben, obwohl von der Kaderabteilung[258] aus schon alles klar war. Einer von denen wurde „zugeführt" und da wäre es der Pförtner gewesen, der ihn Schwein genannt hatte. Wir hatten nie Zuführungen.[259] Wir waren mehr ein rückwärtiges Objekt. In der nächsten Woche fange ich im Drei-Schicht-System in einem Metallbetrieb an. Vielleicht werde ich mir dort auch nur dumme Sprüche anhören müssen. Ich bin froh, dass ich jetzt eine Arbeit gefunden habe.

Der Sozialismus ist im Grundprinzip nicht verkehrt. Sozialismus heißt für mich: Alles im Interesse der Bürger. Sozialismus ist nicht die Alleinherrschaft einer Partei. Aber die soziale Absicherung lässt sich wohl nicht mit dem Kapitalismus vereinbaren. Es müsste ein Mittelding zwischen Plan- und Marktwirtschaft geben, dass nicht ein übermäßiger Konkurrenzkampf entsteht. Der Sozialismus hat aber in diesem Jahrhundert kaum noch eine Chance.

So ein Wunschtraum von mir ist es, mal einen BMW zu fahren. Bloß ich schätze, den kann ich frühestens fahren, wenn ich fünfzig bin. Bloß dann habe ich vielleicht schon einen Herzschrittmacher und darf nicht mehr ans Lenkrad. Vielleicht ist dann meine Garage auch zu klein.

---

[258] Die Bezeichnung für die Personalabteilung

[259] Zuführung: Bezeichnung für zeitweilig Festgenommene in der Sprache des Sicherheitsapparates der DDR

Kandidatenantrag für die SED

Bernd Wittek A 601   Berlin, den 22.3.82

       Kandidatenantrag für die SED

Das Ziel heißt Kommunismus. Ein Begriff für Frieden und Freiheit. Der Weg liegt in der Gestaltung der Wissenschaften für die Gesellschaft. Daran möchte ich teilhaben, d. h. das von der Gesellschaft empfangene Wissen zu nutzen, um vielleicht auch einmal ein kleines Körnchen zum großen Ziel beizutragen, eben durch geistig praktische Tätigkeit. Einen anderen Weg, um dieses Ziel zu erreichen, gibt es nicht. Es ist ein Ziel, für das es sich nicht nur zu kämpfen lohnt, sondern für das jeder friedliebende Mensch kämpfen muß. Im Alltag sehe ich dies im ständigen Stellung-nehmen zu Fragen der Politik, im kreativen Mitdenken in Theorie und Praxis, also um mehr als bisher Politik machen zu können. *Deshalb stelle ich den Antrag Kandidat der SED zu werden.*

Kurzer Abriß meiner bisherigen gesellschaftl. Entwicklung:

- war Mitglied im Pionierverband
- bin seit 1977 Mitglied der FDJ
- war in der POS als Agitator in der Klasse tätig (Versuch der Auseinandersetzung mit gegensätzlichen Haltungen)
- wurde in der BBS AFO-Agitator, da mich schon lange politische Probleme interessierten und ich gerade in diesem sicherlich wichtigsten Lebensbereich zu-lernen möchte

Bürgen:

[   ], Lehrmeister
[   ], Lehrer

Bernd Wittek

Den einen entscheidenden Satz für die Parteibürokratie hatte ich vergessen zu tippen und musste ihn daher handschriftlich einfügen.

Parteiauftrag

Genosse
Bernd Wittek

11.4.83

Parteiauftrag

Der Genosse Wittek erhält von der Parteigruppe Lehrlinge folgenden Parteiauftrag:

1. Als APO-Funktionär für Agitation leistet Bernd einen aktiven Beitrag in der massenpolitischen Arbeit.

2. Unter der Zielstellung, Abitur- und Facharbeiterprüfung mit dem Prädikat "gut" abzuschließen, kämpft Genosse Wittek um hohe Lern- und Arbeitsergebnisse und wird durch eine vorbildliche Lernhaltung sich auf sein künftiges Studium vorbereiten.

Sekretär der
APO IX

Parteigruppen-
organisator

Erklärungen

Abteilungsparteiorganisation (APO)	Die SED war hauptsächlich in den Betrieben organisiert, die in betriebliche Abteilungen gegliedert waren. Dem folgte die Struktur der SED-Organisation. In Wohngebieten waren nur SED-Genossen organisiert, die keiner Arbeit mehr nachgingen.
Arbeiter- und Bauernfakultät (ABF)	1946 entstanden an Universitäten Vorstudienanstalten. Diese hießen ab 1949 Arbeiter- und Bauernfakultäten und erhielten Fakultätsstatus. Es gab eine kostenlose Lehrmittel- und Essensversorgung. Dies ermöglichte den Aufstieg von Kindern aus zuvor unterprivilegierten Schichten. Es ist davon auszugehen, dass eine überdurchschnittlich hohe Anzahl von staatstragenden Bürgern aus diesen Institutionen hervorgegangen sind.
Bezirksleitung (SED)	Parteileitung auf der Ebene des Bezirkes der DDR. Diese war dem Rat des Bezirkes (dem eigentlichen Verwaltungsorgan) übergeordnet.
Bezirksstadt	Die DDR war seit 1952 nicht in Länder, sondern in 14 Bezirke als Verwaltungseinheiten eingeteilt. Mit Bezirksstadt ist die jeweilige „Hauptstadt" eines Bezirkes gemeint.
Blauhemd	FDJ-Hemd. Zu Versammlungen in Schulen ebenso wie zu Veranstaltungen, z. B. Manifestationen, war das FDJ-Hemd zu tragen. Es hatte eine dunkelblaue Farbe. Schüler weigerten sich in der Regel, es außerhalb der Schulzeit zu tragen.

Bodenreform (1945-1948)	In der sowjetischen Verwaltungszeit auf dem Gebiet der späteren DDR wurde Land von Großgrundbesitzern parzelliert und an Kleinbauern vergeben, teilweise auch an Vertriebene. Zum Teil bestehende Pläne einer Bodenreform in der Bundesrepublik wurden nicht verwirklicht. Profitierende von der Bodenreform verhielten sich häufig besonders loyal gegenüber der DDR-Führung.
Deutsche Demokratische Republik (DDR)	7.10.1949-3.10.1990, pro forma autonomes Staatsgebiet auf einem Teil des Gebiets des ehemaligen Deutschen Reiches, das nach den Vorgaben der Sowjetunion deren kommunistisches Gesellschaftsexperiment weitgehend identisch kopierte. Allerdings war ein größerer Teil der Bevölkerung nach der Katastrophe der Nazizeit und des Krieges bereit, sich auf diesen radikalen Umgestaltungsversuch einzustellen, der als echte Sozialutopie verstanden wurde. Hierbei ist zu beachten, dass die Umsetzung des Marxismus ein sehr deutsches (protestantisches) Projekt war. Es ging zurück auf die Parteienkämpfe der zwanziger Jahre im Zusammenhang der versuchten Lösung der Krise des Subjekts beim Übergang in die Moderne (Diskussionen um den „neuen" Menschen). Der die Moderne zunehmend begleitende Trend zur Individualisierung des Lebens fand ab den sechziger Jahren keine oder nur sehr spät die marxistischen Gründungskonzepte hinterfragende Beachtung.
Freie Deutsche Jugend (FDJ)	Eine Jugendorganisation (seit 1946) mit dem Jugenderziehungsziel des DDR-Patriotismus. Die FDJ organisierte kulturelle und Bildungsveranstalten oder trat in

	der Produktion durch besondere Arbeitsleistungen auf. Die Mitgliedschaft in der FDJ erfolgte in der Schule quasi automatisch und war eigentlich keine Pflicht. Es gab kaum Schüler, die nicht in der FDJ waren.
Friedensgruppen	Hierzu ist vor allem die 1986 gegründete „Initiative für Frieden und Menschenrechte" zu nennen, ebenso wie die im selben Jahr eröffnete „Umweltbibliothek". Dass sich die Opposition in der DDR erst zu diesem Zeitpunkt formierte, hat sicherlich nicht zuletzt den Grund im Machtantritt Gorbatschows. Auch aufgrund der Aussichtslosigkeit von Widerstand in der Zeit davor, gelang es der DDR-Führung zuvor, Oppositionelle in den Westen abzuschieben, was diese nun nicht mehr vom Staat erzwingen wollen. Auch daher lautete der Ruf der Demonstrationen im Herbst 1989 „Wir sind das Volk. Wir bleiben hier."
Gestapo	Geheime Staatspolizei – Bezeichnung der politischen Polizei in der Nazizeit, die die Aufgabe hatte, politische Gegner zu bekämpfen. Die Gestapo führte die Deportation der deutschen Juden durch. Im Nürnberger Prozess wurde sie zu einer verbrecherischen Organisation erklärt.
Glasnost	Eine der programmatischen Erklärungen nach dem Machtantritt von Gorbatschow 1985. Die Übersetzung aus dem Russischen bedeutet Offenheit und Transparenz.
Gorbatschow, Michail (Gorbi), (1931)	Von März 1985 bis August 1991 Generalsekretär der kommunistischen Partei der Sowjetunion (KPdSU) und zugleich Staatschef, Reformer, der auf

	Transparenz und Öffentlichkeit setzte. Probleme sollten auch als solche benannt werden - anders als in der DDR.
Gysi, Gregor (1948)	In der DDR wenigen bekannt als Anwalt, der Oppositionelle vertrat. Erst am 4. November 1989 tritt er das erste Mal auf. Er wird zum Sprecher der enttäuschten Parteibasis, da er auf die fehlende Legitimation der Parteiführung verweist. Diese wählte ihn am 9. Dezember zum Parteivorsitzenden der SED.
Hitlerjugend (HJ)	Nationalsozialistische Jugendorganisation, die auf den Wehrdienst vorbereitete und Kinder und Jugendliche ideologisch indoktrinierte.
Honecker, Erich (1912-1994)	Vom 3. Mai 1971 bis zum 18. Oktober 1989 Partei- und Staatschef. 1992 wurde er gemeinsam mit anderen Mitgliedern des ehemaligen Politbüros der DDR wegen Totschlags angeklagt. Dies bezog sich auf den Waffeneinsatz an den Grenzanlagen zwischen der DDR und der Bundesrepublik.
Interhotel	Dies waren Hotels in der DDR, die überwiegend Plätze für mit westlicher Währung zahlende Reisende und damit für Besucher aus dem nichtsozialistischen Ausland anboten.
Jungaktivist	Auszeichnungen für überdurchschnittliche Leistungen in der DDR. Es wurde mit der Verleihung des Ordens „Aktivist der sozialistischen Arbeit" ausgezeichnet.
Kader	Begriff für Personalmanagement in der DDR, insbesondere für Bereiche des gesellschaftlichen Lebens.

Kandidat der SED	Eine Bewährungsphase vor der Mitgliedschaft, die Kandidatenzeit genannt wurde, gab es seit 1949. Die Bewerber um eine Mitgliedschaft erhielten in dieser Zeit einen Arbeitsauftrag (Kandidatenauftrag), der in der Regel mit ihrer Arbeitsaufgabe in Beziehung stand. Die Kandidatenzeit betrug bis 1963 zwei Jahre, dann ein Jahr.
Kirchgänger	Abfällige Bezeichnung von praktizierenden Christen in der DDR. Besonders der Besuch von „Jungen Gemeinden" wurde beargwöhnt, da diese in den. achtziger Jahren politisiert in Anlehnung an die westdeutsche Friedensbewegung waren.
Kommunismus	Eschatologische Endstufe der gesellschaftlichen Entwicklung. Während im Sozialismus noch Beziehungen über Geldangelegenheiten geregelt werden müssten, könnte im Kommunismus jeder Mensch nach seinen Bedürfnissen leben.
Kommunistisches Manifest	In der 1848 erschienen Kampfschrift, die Karl Marx gemeinsam mit Friedrich Engels verfasste, wurde ein Programm für einen Übergang zum Sozialismus/ Kommunismus dargestellt.
KPD	Kommunistische Partei Deutschlands. Existierte auf dem Territorium der späteren DDR bis 1946 (Vereinigung mit der SPD zur SED), gegründet 1918, von 1933 bis 1945 verboten und verfolgt. In Abgrenzung zur SPD, die den Weg zum Sozialismus auf dem Reformweg erreichen wollte, war die KPD der Ansicht, dass dies nur durch eine Revolution zu erreichen sei, da andernfalls eine Änderung der Besitzverhältnisse nicht erreicht werden könnte.

KPdSU	Kommunistische Partei der Sowjetunion, 1918 bis 1991. Entstanden aus der Umbenennung der Partei der Bolschewiki (unter Führung von Lenin). Vertrat das Dogma des Marxismus-Leninismus, bis 1953 auch des Stalinismus. Industrialisierte das zurückgebliebene Russland mit Gewalt und Terror. Durch den Erfolg im Zweiten Weltkrieg wurde die Politik der KPdSU tonangebend in Osteuropa.
Kreisleitung	Strukturorgane der SED, die der SED-Bezirksleitung unterstellt waren entsprechend der Verwaltungsstruktur in der DDR.
Krenz, Egon (1937)	Vom 18.10. bis zum 3.12.1989, Partei- und Staatschef der SED. Galt schon zuvor als potentieller Nachfolger Erich Honeckers. Langjähriger FDJ-Chef. Schon vor 1989 war er durch sein unbeholfen und gestellt wirkendes Verhalten bei offiziellen Auftritten nicht sonderlich beliebt, gehörte aber auch nicht zu den gefürchteten Führungskräften der DDR. Nachdem er Honecker abgelöst hatte, schien es für einen Moment so, als würde er das Richtige tun. Jedoch entsprach sein sprachliches Auftreten der alten SED-Rhetorik, sodass er keinen Vertrauensbonus mehr von der Bevölkerung erhielt.
Künstlerdemo	Die Demonstration am Alexanderplatz vom 4. November 1989 war durch Schauspieler von Berliner Theatern angemeldet worden. Während der Veranstaltung wurde der DDR-Bevölkerung (durch die Livefernsehübertragung) deutlich, dass es so etwas wie einen DDR-einheitlichen Reformkonsens nicht geben würde. Der Dramatiker Heiner Müller forderte beispielsweise die Gründung

freier Gewerkschaften. Viele Mitarbeiter des Sicherheitsapparates sahen daher schon vor der Grenzöffnung dieses Ereignis als das eigentliche Ende der DDR an.

Konzentrationslager (KZ)	Im Sprachgebrauch der DDR nur bezogen auf die Konzentrationslager des Nationalsozialismus von 1933 bis 1945. Diese dienten zur Bestrafung politischer Gegner sowie zu deren physischen Vernichtung. Vor allem wurden in diesen Lagern Millionen aber auch als rassisch minderwertig betrachtete Juden umgebracht. In der DDR wurde sehr viel Wert gelegt auf die Erinnerung an die Verbrechen der Nazis. Dies diente auch zur Legitimation des Landes in Abgrenzung zur nicht als antifaschistisch eingeschätzten Bundesrepublik. Die Widerstandsleistungen der Kommunisten wurden überhöht dargestellt.
Lenin, Wladimir Iljitsch (1870-1924)	Erfolgreicher Führer der kommunistischen (bolschewistischen) Revolution in Russland durch die zentralistische Disziplinierung der Partei der Arbeiterbewegung. Damit begründete er die später staatstragenden grundlegenden Strukturen des Ostblocks.
Mauer	Der Begriff Mauer wurde zweifach benutzt, einmal als Synonym der gesamten Grenzbefestigung von 1961 bis 1989 insgesamt und andererseits für die tatsächliche Mauer, die Berlin teilte.
Mauerfall	Bezeichnung für die plötzliche Öffnung der Grenzbefestigung am 9. November 1989, die durch einen Ansturm von Ostberlinern erfolgte. Nach einer miss-

glückten, missverständlichen SED-Erklärung auf einer liveübertragenen Pressekonferenz an jenem Tag verkündigte das westdeutsche Fernsehen eine tatsächlich noch nicht vollzogene Öffnung der Grenze am Grenzübergang Bornholmer Straße. Dies führte zu dem Ansturm auf diesen Grenzübergang, dem die Grenzsoldaten dort dann nachgaben mit der Öffnung des Übergangs. Noch in der Nacht erfolgte die Öffnung weiterer Grenzkontrollpunkte zwischen Ost und West.

Ministerium für Staatssicherheit (MfS), auch „Stasi"	Ministerium für Staatssicherheit, gegründet im Februar 1950. Erledigte polizeiliche Aufgaben der politischen Kriminalitätsbekämpfung in der DDR sowie der nachrichtendienstlichen Tätigkeit und sicherte somit den Herrschaftsanspruch der DDR gewaltsam. Gefürchtetes Staatsorgan. Der zahlenmäßige Anstieg von Mitarbeitern wurde in der Bevölkerung bemerkt. Damit verlor die Institution im Laufe der Jahre zugleich ein wenig ihrer geheimdienstlichen Aura. Man rechnete quasi damit überwacht zu werden. Die Gleichsetzung nach 1990 mit der Gestapo, die vom Westen aus auch durch die Formulierung „Staatssicherheitsdienst" nahegelegt wurde, entsprach nicht der Realität.
Mielke, Erich (1907-2000)	In der DDR-Öffentlichkeit selten auftretender Minister für Staatssicherheit, Mitglied des Politbüros. Wurde in der Wendezeit bekannt und lächerlich, als er bei einem für ihn ungewohnten Auftritt vor der Volkskammer von einem Abgeordneten kritisch unterbrochen antwortete: „Aber ich liebe Euch doch alle."

Mitglied der Partei	Damit ist stets Mitglied der SED gemeint, während Parteiloser im SED-internen Sprachgebrauch Nicht-SED-Mitglieder bezeichnete. Neben der SED existierten in der DDR die CDU, die LDPD (Liberaldemokratische Partei Deutschlands), die NDPD (Nationaldemokratische Partei Deutschlands) und die DBD (Demokratische Bauernpartei Deutschlands). Diese waren jedoch in ihrer Parteipolitik auf die SED ausgerichtet und daher in ihrer politischen Bedeutung zu vernachlässigen.
Modrow, Hans (1928)	Hans Modrow war ab dem 13. November 1989 letzter Ministerpräsident und damit Staatschef der DDR. Durch sein ruhiges und bescheidenes Auftreten in der Wendezeit erwarb er sich Anerkennung.
Nationalkomitee Freies Deutschland	Vereinigung kommunistischer deutscher Emigranten sowie von deutschen Kriegsgefangenen mit dem Ziel der Bekämpfung des Nationalsozialismus u.a. durch Aufrufe an deutsche Soldaten zum Überlaufen in sowjetische Gefangenschaft.
NATO-Doppelbeschluss	12.12.1979. Entscheidung in Westeuropa neue und effektivere Atomwaffen zu stationieren und zugleich, den Warschauer Vertragsstaaten Abrüstungsverhandlungen anzubieten. Dies führte zu einer deutlichen Militarisierung des Alltags in der DDR und initiierte antistaatliche Friedensbewegungen der Kirche. Baumaßnahmen für Abschussrampen in der DDR waren deutlich wahrnehmbar, da deswegen zum Beispiel der Autobahnbau ruhte. Nach der Wahl Gorbatschows zum Generalsekretär der KPdSU

und dessen Beginn einer Abrüstungspolitik hätte auch eine Rücknahme dieser Militarisierung erfolgen können. Dies geschah nicht. Ein wenig Respekt in der Bevölkerung erhielt Honecker aber dennoch, als er sich 1986 wie folgt äußerte: „Das Teufelszeug muss weg." Damit waren auch die sowjetischen Raketen gemeint.

Neues Deutschland	Offizielle Parteizeitung der SED, die die offizielle Sichtweise und Interpretation von innenpolitischen und internationalen Ereignissen vorgab.
Parteigruppenorganisator	Die kleinste Organisationseinheit der SED war die Parteigruppe. Diese wählte einen Parteigruppenorganisator.
Parteistrafe	Parteistrafen waren „Rüge", „Strenge Rüge" oder „Ausschluss". Im Zusammenhang mit der Verhängung von Parteistrafen wurden von den Betreffenden ausführliche selbstkritische Stellungnahmen erwartet.
Parteiversammlung	Jeden Montag erfolgten normalerweise Versammlungen nach der Arbeitszeit. Sie dauerten gewöhnlich eineinhalb Stunden.
PDS	Partei des Demokratischen Sozialismus, entstanden aus der SED, bis 16. Juni 2007, danach in der Partei „Die Linke" aufgegangen.
Perestroika	Eine der programmatischen Erklärungen nach dem Machtantritt von Gorbatschow 1985. Die Übersetzung aus dem Russischen bedeutet Umbau. Gemeint war damit die Aufgabe von sowjetischen Dogmen.

Personenkult	Verehrung einer Person, der übertriebene Leistungen zugeschrieben werden und die in Wort und Schrift permanent zu huldigen ist. In der DDR betraf dies ausgeprägt die Würdigung von Josef Stalin und teilweise auch die von Walter Ulbricht.
Politbüro	Höchstes politisches Führungsgremium der SED mit fünfzehn bis fünfundzwanzig Mitgliedern und zehn Kandidaten ohne Stimmrecht.
Polytechnische Oberschule (POS)	Die für alle schulpflichtigen Kinder verpflichtende Schule, die bis zum Abschluss der zehnten Klasse führte.
Propagandist	Im eigentlichen Wortverständnis ein Parteimitglied, das wichtige Inhalte der aktuellen Parteipolitik verbreitete. Ein Propagandist im Parteilehrjahr führte politische Weiterbildungen für SED-Genossen durch, wobei auch ein gewisser Interpretations- oder Vermittlungsspielraum gegeben war.
Reichsarbeitsdienst (RAD)	Nach militärischem Vorbild strukturierte Organisation im Dritten Reich, die Bauarbeiten durchführte (Autobahnbau) aber auch Aufgaben in der Landwirtschaft. Es bestand eine sechsmonatige Dienstpflicht vor dem Wehrdienst.
SED	Sozialistische Einheitspartei Deutschlands, am 22. April 1946 aus dem Zusammenschluss von KPD und SPD in der sowjetischen Besatzungszone gegründet, bis 4. Februar 1990 (Umbenennung in PDS). 2,4 Millionen Mitglieder (1980) von 16,4 Millionen Einwohnern der DDR.

SED-PDS	Am 16. und 17. Dezember 1989 kam es zu einem Sonderparteitag der SED, bei dem es um die Frage der Selbstauflösung oder der programmatischen Neuorientierung ging. Die Mehrheit entschied sich für eine Reform der Partei. Der Name wurde zu SED-PDS verändert, da eine Mehrheit von SED-Mitgliedern nicht den Eindruck erwecken wollte, dass man sich aus der Verantwortung stiehlt.
Sowjetische Besatzungszone (SBZ)	Bezeichnung für das Gebiet der späteren DDR zwischen 1945 und 1949, in der Bundesrepublik wurde auch später noch abfällig von der „Zone" gesprochen.
Sozialismus	Zwischenstufe beim Übergang aus dem Kapitalismus in den Kommunismus. Im Sprachgebrauch der DDR war damit weniger die Bereitstellung von Sozialleistungen gemeint als vielmehr zunächst die Schaffung der Grundlagen der Gesellschaftsordnung mit der Abschaffung von Privatbesitz an Produktionsmitteln (betrieblichen Eigentum.) Daher befand sich die DDR-Gesellschaft im Stadium des „Sozialismus".
Sputnikverbot	1988 wurde die sowjetische Monatszeitschrift „Sputnik" nicht mehr ausgeliefert und an Zeitungskiosken der DDR verkauft. Die Zeitschrift „Sputnik" wurde als Quelle der sowjetischen Perestroika-Politik angesehen. Das Verbot stand im Widerspruch zu dem zuvor jahrzehntelang praktizierten Parteislogan: „Von der Sowjetunion lernen, heißt siegen lernen."
Stalin, Josef (1879-1953)	Von 1927-1953 Staatschef der Sowjetunion, Nachfolger Lenins, gilt als Begründer des Personenkultes. Er trieb die Industrialisierung des Landes voran ebenso wie

	die Kollektivierung der Landwirtschaft. Verantwortlich für Terror und Willkür und ethnische Vertreibungen. Er verstarb am 5.3.1953. In der DDR wurden umfangreiche offizielle Trauerfeiern abgehalten. Erst nach 1956 wurden seine Verbrechen im Ostblock allmählich bekannter.
SWAPO	South West Africa People's Organisation. Marxistische Bewegung in Angola, die sich gegen Südafrika richtete. Von der DDR unterstützt.
Thälmann, Ernst (1886-1944)	KPD-Vorsitzender seit 1925 bis 1933, 1924 bis 1933 Mitglied des Reichstages, richtete die KPD nach sowjetischem Vorbild aus, 1944 ermordet auf persönlichen Befehl Hitlers. Die Pionierorganisation (eine kommunistische Jugendorganisation für jüngere Schüler in der DDR) war nach Ernst Thälmann benannt. Thälmann war Gegenkandidat Hitlers für die Reichspräsidentschaft in den Wahlen 1933 gewesen. Er war eine Ikone der offiziellen Identitätsbestimmung.
Ulbrichts, Walter (1893-1973)	Von 1949 bis 1971 politisch richtungsweisend in der DDR und deren Staatschef von 1960 bis 1971 (und pro forma bis 1973). Er wurde von seinem Nachfolger Honecker mit Unterstützung der Sowjetunion zum Rücktritt als Generalsekretär der SED gezwungen aufgrund seiner Vorstellungen, die zu diesem Zeitpunkt denen der Sowjetunion in wirtschaftlicher Hinsicht widersprachen. Zunächst wenig populär durch die wirtschaftlichen Misserfolge der DDR, die auch durch eine zu schnell betriebene Kollektivierung bedingt waren. Nach dem Mauerbau begann er Wirtschaftsreformen, die marktwirt-

	schaftliche Elemente innerhalb der Planwirtschaft enthielten. Es kam zu einem Wohlstandswachstum. Das brachte ihm mehr Achtung in der Bevölkerung ein.
Unabhängiger Frauenverband	Gegründet am 3. Dezember 1989. Die hohe Emanzipation der Frauen in der DDR allein durch die Notwendigkeit ihrer Mitarbeit in der Volkswirtschaft führte zwei Jahre nach der Wiedervereinigung dazu, dass der Unabhängige Frauenverband politisch bedeutungslos wurde.
Wehrmacht	Bezeichnung des deutschen Militärs zwischen 1935 und 1945 (zuvor Reichswehr).
Zentralkomitee der SED	Zentralkomitee hatte zwei Bedeutungen im Sprachgebrauch der DDR: Einmal bezogen auf die gewählten Mitglieder des Führungsgremiums der SED zwischen den Parteitagen, andererseits ist damit das Gebäude in Berlin gemeint, in dem das Zentralkomitee seinen Sitz hatte. Dort konnte an die Institution des Zentralkomitees Schreiben gesandt werden.
17. Juni 1953	Gewalttätige Streiks fanden an diesem Tag in mehreren Städten der DDR statt. Gründe waren: Druckausübung bei der Durchsetzung einer sozialistischen Wirtschaftsordnung, die schwierige Wirtschaftslage durch die Reparationsleistungen, die dramatisch schlechte Versorgungssituation und eine Erhöhung der Arbeitsnormen. Durch das Auffahren von sowjetischem Militär auf Straßen und Plätze wurden die Streiks und Demonstrationen beendet. Diese Ereignisse festigten letztendlich die Vormachtstellung der SED in der DDR, die daraufhin einen

	etwas behutsameren Kurs verfolgte. Als Folge wurde die Führung des Ministeriums für Staatssicherheit ausgewechselt.
13. August 1961	Am Morgen jenes Tages begannen Bauarbeiten, die zu einer ersten Mauer als Grenzbefestigung in Berlin führten, welche daraufhin die Stadt teilte. Im Laufe der folgenden Jahrzehnte wurde die Grenzbefestigung von der DDR ausgebaut. Besuche von Westdeutschen in der DDR wurden dann erlaubt, während (abgesehen von wenigen Ausnahmen) nur DDR-Bürger im Rentenalter in den Westen reisen durften.
7. Oktober 1989	Zum 40. Jahrestag der DDR fand ein Festakt im Palast der Republik statt, während gleichzeitig im ganzen Land für Reformen demonstriert wurde. Auf der Schönhauser Allee in Berlin wurde die Demonstration mit dem Einsatz von Gewalt durch die Polizei aufgelöst.
4. November 1989 (Künstlerdemo)	500.000 Menschen demonstrierten auf dem Alexanderplatz in Berlin für Reformen. Darunter Schriftsteller wie Christa Wolf oder Stefan Heym. SED-Funktionäre wurden durch Pfiffe am Reden gehindert. Der Dramatiker Heiner Müller rief zur Bildung freier Gewerkschaften auf. Diese Demonstration verdeutlichte, dass die weitere Entwicklung in der DDR keine einheitliche Richtung mehr einschlagen würde.
9. November 1989	Tag der Öffnung der Berliner Mauer. Am Ende einer Pressekonferenz zu Wirtschaftsfragen fragte ein italienischer Journalist das die Konferenz abhaltende Politbüromitglied Günter Schabowski zu der

neu geplanten Reiseverordnung der DDR. Der auf diese Frage schlecht vorbereitete Schabowski antwortete schließlich, dass eine voraussetzungslose Reisemöglichkeit in den Westen von sofort an gelten würde. Diese Mitteilung nutzten die in der DDR empfangbaren bundesdeutschen Medien, um das Ende der deutschen Grenzteilung zu proklamieren. Die westdeutsche Tagesthemensendung behauptete um 22.42 Uhr fälschlicherweise, dass der Grenzübergang Bornholmer Straße bereits geöffnet sei. Das führte zu einem solchen Ansturm von Ostberlinern vor dem Grenzübergang, dass dieser gegen 23.30 Uhr geöffnet werden musste. Es erfolgten nach diesem Ereignis weitere Öffnungen von Grenzübergängen.

Leseliste

Abelshauser, Werner (1981): Deutsche Wirtschaftsgeschichte im Industriezeitalter. Königstein/Taunus.

Altrichter, Helmut (2013): Kleine Geschichte der Sowjetunion 1917-1991. München.

Aly, Götz (2008): Unser Kampf: 1968 - ein irritierter Blick zurück. Frankfurt am Main.

Autorenkollektiv (1978): Geschichte der SED, Abriß. Berlin.

Bahrmann, Hannes/Links, Christoph (1994): Wir sind das Volk. Die DDR zwischen 7. Oktober und 17. Dezember 1989. Eine Chronik. Berlin, Weimar.

Bauerkämper, Arnd (2005): Die Sozialgeschichte der DDR. München.

Bebel, August (1879): Die Frau und der Sozialismus. Zürich.

Bentzien, H. (2009). Warum noch über die DDR reden? Sophies Fragen. Berlin.

Conze, Eckart/ Gajdukowa, Katharina/ Koch-Baumgarten, Sigrid (2009): Die demokratische Revolution 1989. Köln, Weimar, Wien.

Creuzberger, Stefan (2009). Stalin. Machtpolitiker und Ideologe. Stuttgart.

Dalos, György. (2012). Gorbatschow - Mensch und Macht. Eine Biografie. München.

Dittmer, Lothar (Hg.) (1996). Ost-West Geschichten. Schüler schreiben über Deutschland. München.

Ehlert, Hans (Hg.) (1996): Die Militär- und Sicherheitspolitik in der SBZ/DDR. Eine Bibliographie (1945-1995).

Erbe, Günter (1993). Die verfemte Moderne. Die Auseinandersetzung mit dem "Modernismus" in Kulturpolitik, Literaturwissenschaft und Literatur in der DDR. Wiesbaden.

Feist, Günter/Gillen, Eckhart/ Vierneisel, Beatrice (1996): Kunstdokumentation SBZ/DDR 1945-1990. Köln.

Foitzik, Jan (1995). Die parteiinterne Behandlung der Geheimrede Chruschtschows auf dem XX. Parteitag durch die SED, die PVAP und die KPTsch. In: Kircheisen, Inge (Hg.) (1995): Tauwetter ohne Frühling. Das Jahr 1956 im Spiegel blockinterner Wandlungen und internationaler Krisen (S. 60-83). Berlin.

Förster. Peter/ Roski, Günter (1990): DDR zwischen Wende und Wahl. Meinungsforscher analysieren den Umbruch. Berlin.

Frank, Mario (2001): Walter Ulbricht. Eine deutsche Biografie. München.

Fricke, Karl Wilhelm/Steinbach, Peter/Tuchel, Johannes (Hg.) (2002): Opposition und Widerstand in der DDR. Politische Lebensbilder. München.

Giesecke, Jens (2000): Die hauptamtlichen Mitarbeiter der Staatssicherheit. Personalstruktur und Lebenswelt (1950-1989/1990). Berlin.

Gill, David/ Schröter, Ullrich (1995): Das Ministerium für Staatssicherheit. Anatomie des Mielke-Imperiums. Reinbek bei Hamburg.

Hagen, Manfred (1992): DDR - Juni '53. Die erste Volkserhebung im Stalinismus. Stuttgart.

Herberg, Dieter/ Steffens, Doris/ Tellenbach, Elke (1997): Schlüsselwörter der Wendezeit. Wärterbuch zum öffentlichen Sprachgebrauch 1989/90. Berlin, New York.

Hoffmann, Ruth (2012): Stasi-Kinder: Aufwachsen im Überwachungsstaat. Berlin.

Honecker, Erich (1981): Aus meinem Leben. Berlin: Dietz.

Janka, Walter (1989): Schwierigkeiten mit der Wahrheit. Reinbek bei Hamburg.

Königsdorf, Helga (1991): Adieu DDR. Protokolle eines Abschieds. Gesprächsprotokolle. Berlin.

Lenin, Wladimir Iljitsch (1902): Was tun? Berlin.

Maaz, Hans-Joachim (1990): Der Gefühlsstau. Ein Psychogramm der DDR. Berlin.

Mählert, Ulrich (1998): Kleine Geschichte der DDR. München.

Malycha, Andreas (2009). Die SED: Geschichte einer deutschen Partei. München.

Malycha, Andreas (2014): Die SED in der Ära Honecker. Machtstrukturen, Entscheidungsmechanismen und Konfliktfelder in der Staatspartei 1971 bis 1989. München.

Marx, Karl (1848): Manifest der Kommunistischen Partei. London.

Richter, Michael (2009): Die friedliche Revolution. Aufbruch zur Demokratie in Sachsen 1989/90. Göttingen.

Rohnstock, Katrin (Hg.) (1994). Stiefschwestern. Was Ost-Frauen und West-Frauen voneinander denken. Frankfurt Main.

Rödder, Andreas (2011): Geschichte der Deutschen Wiedervereinigung. München.

Sarotte, Mary Elise (2014): The Collapse: The Accidental Opening of the Berlin Wall. New York.

Service, Robert (2000): Lenin. Eine Biographie. München.

Schroeter, Sabina (1994). Die Sprache der DDR im Spiegel ihrer Literatur: Studien zum DDR-typischen Wortschatz. Berlin, New York.

Stuhler, Ed (2010): Die letzten Monate der DDR. Die Regierung de Maizière und ihr Weg zur deutschen Einheit. Berlin.

Wangerin, Claudia (2010): Die DDR und ihre Töchter. Berlin.

Weber, Hermann (2006): Die DDR 1945-1990. München.

Wilke, Jürgen (Hg.) (2007): Journalismus und Journalisten in der DDR. Berufsorganisation – Westkorrespondenten – „Der schwarze Kanal". Köln, Weimar, Wien.

Wittek, Bernd (1997). Der Literaturstreit im sich vereinigenden Deutschland. Marburg.

Wolf, Birgit (2000): Sprache in der DDR. Ein Wörterbuch. Berlin, New York.

Wolf, Christa (1990): Was bleibt. Weimar.

Wolff, Jochen (Hg.) (2003). Der Aufstand Juni '53 – Augenzeugen berichten. Berlin.